"十三五"职业教育国家规划教材

汽车底盘系统检修

QICHE DIPAN XITONG JIANXIU

（第三版）

主　编　张振东　齐欢宁　王　宁
副主编　王　磊　夏道华

新形态
教材

高等教育出版社·北京

内容简介

本书是"十三五"职业教育国家规划教材。

本书用两个单元的篇幅，以项目形式进行内容的组织，涵盖了汽车底盘四大系统的检修。第一单元主要介绍汽车底盘机械系统的检修，项目1重点介绍了汽车底盘维修的常识和常用工具的使用；项目2至项目10分别介绍了离合器、手动变速器、万向传动装置、驱动桥、车架与车桥、车轮与轮胎、悬架、转向系统及制动系统的检修方法。第二单元主要介绍汽车底盘电控系统检修，包括电控自动变速器检修、电控制动安全系统检修、电子控制转向系统检修和电子控制悬架系统检修四个项目。

本书适合高等职业院校汽车类专业教学使用，也可作为汽车维修技术人员的培训教材和自学参考资料。

图书在版编目(CIP)数据

汽车底盘系统检修 / 张振东，齐欢宁，王宁主编
. —3 版. —北京：高等教育出版社，2021.8
ISBN 978 - 7 - 04 - 056659 - 8

Ⅰ.①汽… Ⅱ.①张… ②齐… ③王… Ⅲ.①汽车-底盘-车辆检修-高等职业教育-教材 Ⅳ.①U472.41

中国版本图书馆 CIP 数据核字(2021)第 158918 号

策划编辑 张尕琳	**责任编辑** 张尕琳 班天允	**封面设计** 张文豪	**责任印制** 高忠富

出版发行	高等教育出版社	**网　址**	http://www.hep.edu.cn
社　址	北京市西城区德外大街 4 号		http://www.hep.com.cn
邮政编码	100120		http://www.hep.com.cn/shanghai
印　刷	上海华教印务有限公司	**网上订购**	http://www.hepmall.com.cn
开　本	787mm×1092mm　1/16		http://www.hepmall.com
印　张	13.75		http://www.hepmall.cn
字　数	302 千字	**版　次**	2014 年 9 月第 1 版
			2021 年 8 月第 3 版
购书热线	010-58581118	**印　次**	2021 年 8 月第 1 次印刷
咨询电话	400-810-0598	**定　价**	33.00 元

本书如有缺页、倒页、脱页等质量问题，请到所购图书销售部门联系调换

配套学习资源及教学服务指南

🎯 二维码链接资源

本教材配套视频、动画、图片等学习资源，在书中以二维码链接形式呈现。手机扫描书中的二维码进行查看，随时随地获取学习内容，享受学习新体验。

打开书中附有二维码的页面　　　**扫描二维码**　　　**查看相应资源**

🎯 教师教学资源索取

本教材配有课程相关的教学资源，例如，教学课件、习题及参考答案、应用案例等。选用教材的教师，可扫描下方二维码，关注微信公众号"高职智能制造教学研究"；或联系教学服务人员（021-56961310/56718921，800078148@b.qq.com）索取相关资源。

本书二维码资源列表

页码	类型	说明	页码	类型	说明
3	视频	橡皮锤使用	59	视频	差速器的拆卸
4	视频	螺丝刀使用	63	视频	四轮定位的原理
4	视频	尖嘴钳使用	69	视频	四轮定位的检测
5	视频	开口扳手使用	78	视频	轮胎的作用及类型
5	视频	套筒扳手使用	78	视频	轮胎的检查
6	视频	扭力扳手	85	视频	车轮的固定与胎压测量
6	视频	快速扳手	85	视频	数据测量及输入
7	视频	千斤顶使用	86	视频	平衡块的安装
8	视频	双柱举升机使用	96	视频	动力转向液的检查
13	动画	离合器作用	102	视频	制动踏板自由行程的检查
14	动画	膜片弹簧离合器组成	103	视频	驻车制动器
14	视频	膜片弹簧离合器工作原理	103	动画	电子驻车制动器结构
14	视频	离合器踏板高度检查	104	视频	制动液的更换
15	视频	离合器踏板自由行程检查	106	视频	制动片的检查
18	视频	分离轴承	107	视频	制动盘厚度检测
19	视频	离合器压盘	109	视频	鼓式制动器的检查
19	视频	离合器从动盘磨损检查	123	图片	锁止离合器结构
23	视频	发动机横置两轴手动变速器工作演示	129	动画	单排行星齿轮倒挡
25	动画	两轴手动变速器换挡过程	130	动画	离合器分解
26	视频	手动变速器的拆装	131	动画	离合器工作原理
27	视频	手动变速器壳体的拆装	141	视频	节气门位置传感器检测
28	视频	同步器的拆卸	141	动画	霍尔式节气门位置传感器
28	视频	手动变速器输出轴的拆卸	141	动画	电磁感应传感器
28	视频	手动变速器的组装	144	视频	电磁阀检测
29	视频	同步器的安装	146	视频	温度传感器检测
30	视频	手动变速器壳体的安装	149	动画	ABS工作原理
37	视频	游标卡尺的使用	153	动画	ABS控制系统结构组成
37	视频	千分尺的构造与使用	154	视频	轮速传感器拆装
38	视频	百分表的使用	164	视频	ABS故障灯常亮
43	视频	内等速万向节的装复	172	动画	电子控制动力转向系统组成
52	视频	内外万向节的装复	183	动画	转速传感器
56	视频	驱动桥认知	186	视频	电控悬架线路图讲解
58	视频	差速器工作原理			

Foreword | # 前　言

　　本书是"十三五"职业教育国家规划教材,是根据教育部最新发布的《高等职业学校专业教学标准》中对本课程的要求,并结合1+X证书制度试点工作的相关内容,对接职业标准、职业教育国家教学标准体系,按照高等职业院校汽车类专业中汽车底盘相关课程开展教学的实际情况和教学需求,在上一版的基础上修订而成。

　　随着汽车技术的不断进步以及我国汽车保有量的迅速增加,对车辆维修技能的要求也越来越高。汽车底盘系统的检修是汽车维修职业岗位的主要工作之一,为更好地满足广大高等职业院校汽车类专业学生在汽车底盘维修方面的学习需求,促进工学结合教学改革,我们与一汽-大众汽车有限公司等多家汽车企业合作,参考了大量的如奥迪、迈腾等车型的原厂技术资料和企业人才标准,经过精心归纳和处理,编写了本书。

　　本书将培养社会主义接班人作为出发点,落实立德树人,弘扬传统文化,培养工匠精神,树立学生的社会主义核心价值观。同时,立足行业最新技术发展,以服务产业发展为目标,对接汽车运用与维修(含智能新能源汽车)"1+X"证书,根据汽车专业人才培养目标和证书要求,选取多个模块作为教学项目。真正实现课证融通、书证融通,体现新技术、新工艺、新规范,反映岗位职业能力要求。本书灵活应用现代化教育信息技术手段,将丰富多彩的视频、动画资源以二维码的形式编入教材,一体化开展新形态教材建设,配套丰富教学资源,保证学生能够更直观地学习汽车底盘相关的知识和理论。

　　本书经过了职业教育教学实践的锤炼,覆盖面广,使用广泛。由于汽车行业的飞速发展,为保证内容的先进性而进行了及时的修订完善。

　　本书的参考学时数为55,其中实践学时数为20,各项目的参考学时见下表。

单　元	项　目	课 程 内 容	学 时 数 分 配	
			理　论	实　践
第一单元	项目1	汽车底盘维修基本知识	1	1
	项目2	离合器检修	5	3
	项目3	手动变速器检修	4	2

续　表

单　元	项　目	课程内容	学 时 数 分 配	
			理　论	实　践
第一单元	项目4	万向传动装置检修	3	1
	项目5	驱动桥检修	1	1
	项目6	车架与车桥检修	2	2
	项目7	车轮与轮胎检修	3	1
	项目8	悬架检修	1	1
	项目9	转向系统检修	1	1
	项目10	制动系统检修	4	2
第二单元	项目1	电控自动变速器检修	4	2
	项目2	电控制动安全系统检修	3	1
	项目3	电子控制转向系统检修	2	1
	项目4	电子控制悬架系统检修	1	1
学 时 数 总 计			35	20

　　本书由张振东、齐欢宁、王宁担任主编,王磊、夏道华担任副主编,参加编写的还有元伟利、王素霞、李兴凯、郭刚、陈寿胜,全书由齐欢宁统稿。具体分工如下:第一单元项目1、项目2由齐欢宁负责编写,项目3由张振东负责编写,项目4、项目5、项目6、项目7由王磊负责编写,项目8、项目9、项目10由夏道华负责编写;第二单元项目1由齐欢宁负责编写,项目2由王宁负责编写,项目3由夏道华负责编写,项目4由王磊负责编写。

　　本书在编写过程中得到了许多企业专家与技术人员的支持,并参考了大量的文献资料,在此向专家、技术人员和文献资料的作者一并表示感谢。

　　由于编写时间及编者水平有限,错漏之处在所难免,恩请广大读者批评指正。

编　者
2021 年 6 月

Contents | **目　录**

第一单元　汽车底盘机械系统检修

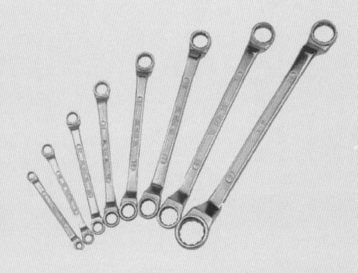

Item 1 项目1 | 汽车底盘维修基本知识

知识目标

1. 掌握汽车底盘维修工具的名称。
2. 掌握汽车底盘维修设备的名称。

能力目标

1. 能够正确使用汽车底盘维修工具。
2. 能够正确使用汽车底盘维修设备。

任务1 常用维修工具和设备的认识

一、通用工具

通用工具有锤子、螺丝刀、钳子、扳手等。

（一）锤子

用于汽车底盘检修的锤子主要有铁锤和橡皮锤，如图1-1-1所示。

① 铁锤　可提供大的敲击力。

② 橡皮锤　可保护被敲击部件，但是不适合敲击间隙表面。

（二）螺丝刀

螺丝刀如图1-1-2所示，是用来拧紧或旋松带槽螺钉的工具。螺丝

视频

橡皮锤使用

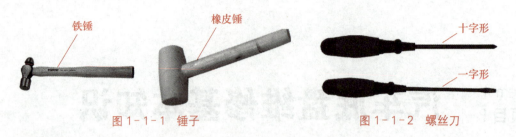

图 1-1-1　锤子　　　　　　　　　图 1-1-2　螺丝刀

刀有一字形和十字形两种。

注意：无论何种螺丝刀，都禁止当作錾子或撬棍使用。

（三）钳子

钳子的种类很多，汽车底盘检修常用的有鲤鱼钳和尖嘴钳两种。

1. 鲤鱼钳

鲤鱼钳如图 1-1-3 所示，用于夹持扁的或圆柱形零件，带刃口的可以用来切断金属。

注意：不能用钳子拧转螺栓或螺母，也不能当撬棍和锤子使用。

2. 尖嘴钳

尖嘴钳如图 1-1-4 所示，用于在狭小的区域夹持零件。

图 1-1-3　鲤鱼钳　　　　　　　　图 1-1-4　尖嘴钳

（四）扳手

扳手用于拆装有棱角的螺栓和螺母。汽车底盘检修常用的扳手有开口扳手、梅花扳手、套筒扳手、活扳手、扭力扳手和特种扳手等。

1. 开口扳手（呆扳手）

开口扳手如图 1-1-5 所示，适用于拆装一般标准规格的螺栓和螺母。开口宽度在 6～24 mm 范围内的开口扳手有每套 6 件和 8 件两种规格。

2. 梅花扳手

梅花扳手如图 1-1-6 所示，两端似套筒，有 12 个角，工作时不易滑脱。适用于拆装 5～27 mm 范围的螺栓或螺母的梅花扳手，有每套 6 件和 8 件两种规格。

图 1-1-5　开口扳手

图 1-1-6　梅花扳手

视频

开口扳手
使用

3. 套筒扳手

套筒扳手如图 1-1-7 所示，适用于在由于位置所限不能使用普通扳手区域内螺栓或螺母的拆装。套筒扳手有每套 13 件、17 件、24 件三种规格，拆装螺栓或螺母时，可根据需要选用不同的套筒和手柄。

视频

套筒扳手
使用

图 1-1-7　套筒扳手

4. 活扳手

活扳手如图 1-1-8 所示，其开度可以自由调节，其应用范围也较广。

5. 扭力扳手

扭力扳手如图 1-1-9 所示，用以配合套筒按规定力矩拧紧螺栓或螺母。在汽车底盘检修中，扭力扳手是不可缺少的工具，如气缸盖螺栓、曲轴轴承螺栓等的紧固都必须使用扭力扳手。

图 1-1-8　活扳手

6. 特种扳手

特种扳手又称棘轮扳手或快速扳手，如图 1-1-10 所示，应配合套筒扳手使用，使用时摁住顶部弹销并套上套头（套筒扳手）。特种扳手一般用于狭窄区域螺栓或螺母的拧紧或拆卸，可以不改变扳手角度就能拆卸或装配螺栓或螺母。

视频

扭力扳手

图 1-1-9　扭力扳手

视频

快速扳手

图 1-1-10　特种扳手

二、专用设备及工具

汽车底盘检修中可能用到的专用设备及工具包括黄油枪、千斤顶等。

（一）黄油枪

黄油枪如图 1-1-11 所示，一般用于向底盘各部件添加润滑脂。

（二）千斤顶

千斤顶如图 1-1-12 所示。常用的千斤顶有螺旋千斤顶、液压千斤顶和液压举升器。汽

图 1 - 1 - 11　黄油枪

图 1 - 1 - 12　千斤顶

车底盘检修常用的液压千斤顶的举升力为 3 t、5 t、8 t 等。

千斤顶使用注意事项：

① 在松软路面上使用千斤顶时,应在其底下垫上垫木。

② 举升重物时,千斤顶应与重物垂直对正。

③ 千斤顶未支牢前及回落时,禁止在车下工作。

④ 使用千斤顶时,应先把开关拧紧,放好千斤顶,对正被顶部位,压动手柄即可将重物顶起。当落下千斤顶时,将开关慢慢旋松,重物即可逐渐下降。

任务 2　车辆的举升和支撑

由于汽车底盘部件多处于车辆底部,所以在汽车底盘的检修过程中,检修人员不可避免地需要对车辆进行举升和支撑,下面介绍不同类型的车辆举升和支撑设备的使用及维护方法。

一、双柱举升机

双柱举升机是目前汽修行业中应用比较广泛的一种举升设备,其外观如图 1-1-13 所示。

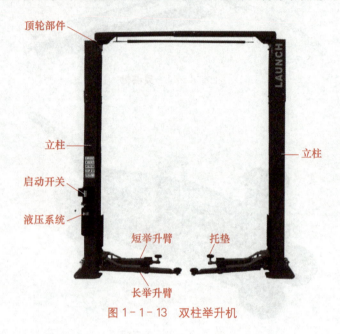

顶轮部件

立柱

启动开关

液压系统

立柱

短举升臂

托垫

长举升臂

图 1-1-13　双柱举升机

(一) 操作注意事项及操作流程

1. 操作注意事项

举升臂应尽量缩到最小长度,举升胶垫应放在车辆推荐举升部位下面的中部,并调节举升胶垫以便均匀接触。

视频

双柱举升机
使用

2. 操作流程

① 先将举升臂升至举升胶垫完全接触车辆,检查是否已牢固负载。

② 缓慢将车辆从地面升起并确保平衡负载,再举升至所需的工作高度。

③ 松开上升按钮,将车辆降低至安全保险位置,即可进行检修工作。

④ 放下车辆前应先举升车辆,将安全保险打开,再按下降按钮使车辆缓慢下降至举升臂缩至最低为止,移开举升臂,驶出车辆。

(二) 维护要求

1. 每月维护项目

① 检查并重新拧紧地脚螺栓。

② 用喷雾润滑剂润滑链条/缆索。

③ 检查所有的链条、连接器、螺栓和销,确保可靠牢固。

④ 目测检查所有的液压油管路可能出现的磨损情况。

⑤ 检查立柱内侧的滑块润滑是否良好，及时补充高质量的润滑油。

注意：所有地脚螺栓都应该完全拧紧，如果有的螺栓不起作用，则举升机应暂停使用，直至重新更换螺栓为止。

2. 每六个月维护项目

① 对所有运动部件可能发生的磨损进行目测检查。

② 检查所有滑轮的润滑情况。如果滑轮在升降期间出现拖动现象，则要对轮轴添加适量润滑油。

③ 检查并调节平衡缆索的张力，以确保举升机的水平升降。

④ 检查柱体的垂直度。

注意：各个立柱内角应使用重润滑油进行润滑，以便将滑块的摩擦降低到最低限度，保证举升机能够平滑、均匀地提升。

二、四柱举升机

随着我国汽车维修行业的稳步发展，四柱举升机的需求量也大大增加。四柱举升机如图 1-1-14 所示。

图 1-1-14　四柱举升机

（一）使用方法

1. 使用前的检查

每次使用四柱举升机前必须进行以下检查：

① 按说明书对有关部位进行日常检查。

② 检查液压油油箱的油位是否正常。

2. 空载试车

每次使用四柱举升机前必须按下述程序进行空载试车：

① 接通电源开关。

② 按下上升按钮,工作平台应能正常上升;松开上升按钮,工作平台应能可靠停止。四柱举升机上升到一定高度后停止,将工作平台的挂钩挂上,此时四个挂钩必须能可靠地挂在立柱内的挂板上。转动换向阀供气时,四个挂钩应能完全脱离挂板。

③ 按下下降按钮,工作平台应以正常速度下降;松开下降按钮,工作平台应能可靠停止。在上述过程中,机器应无异常噪声及其他不正常现象。

3. 举升机的负载作业

① 将汽车驶上工作平台后,拉紧刹车手闸,驾驶员撤离工作平台。

② 将防滑支座可靠地垫在汽车轮胎的前后方。

③ 在不供气状态下,按下上升按钮,将工作平台升至所需的高度。

④ 点动下降按钮,使四个挂钩均可靠地挂在挂板上,此时方可进入工作区进行检修作业。

⑤ 检修工作完毕后,点动上升按钮,将换向阀转至供气位置,使四个挂钩脱离挂板;按下下降按钮,工作平台下降。

⑥ 工作平台降至下极限位置时,撤去防滑支座,将汽车驶离工作平台。

(二) 使用注意事项

① 应设专人操作、维护、维修四柱举升机,禁止无操作资格的人员擅自开动四柱举升机。

② 汽车停放的位置应使其重心接近工作平台的重心。

③ 严禁超载运行。

④ 在工作平台升降过程中,任何人员不得滞留于工作平台上或工作平台下。

⑤ 禁止四柱举升机在有故障情况下运行。

⑥ 只有在确定四个挂钩挂上后,检修人员方可进入工作区。

⑦ 在工作平台上停留的汽车必须拉紧手闸及垫好防滑支座。

⑧ 四柱举升机不使用时应下降至最低位置,并切断电源。

⑨ 四柱举升机使用一段时间后,钢丝绳会被不同程度地拉长,以至于引起工作平台不平及四个挂钩不能同步挂上,此时应及时调整钢丝绳的长度。

⑩ 应严格按说明书对四柱举升机进行维护及检修。

(三) 四柱举升机的检修及维护

(1) 钢丝绳的检修及维护

① 日常检查　应每天进行一次,检查钢丝绳的固定处以及钢丝绳的可见部位。

② 定期检查　每周至少一次,由主管人员进行。

③ 检查钢丝绳的全长　检查钢丝绳的固定部位、绳绕过滑轮的部位、绳端固定装置、绳与其固定装置的滑动情况、绳的断丝及腐蚀情况。

(2) 液压箱的检修及维护

① 液压箱油位　应通过油标检查油位,油位低于油标时应及时加入 30 号液压油。加油时,可将油箱油塞卸下,通过油窗加油,油位应在工作平台处于最低位置时检查。

② 液压油的更换　设备启用三个月后更换一次液压油,以后每年更换一次液压油。更换液压油时,应先将油箱清洗干净再注入 30 号液压油。

③ 安全阀的设定压力　每年检查一次,可将油箱阀座上的螺塞拧下,装上压力表观察,调整好后将安全阀锁紧。

(3) 钢丝绳长度的调整

① 设备启用一个月后检查一次,以后每季度检查一次,调整好后应将调整螺母锁紧。

② 当工作台处于最低位置时,四个立柱内的钢丝绳必须拉紧。

③ 四个挂钩应能同步地挂入挂板的方孔内。

Item 2 项目2 | **离合器检修**

知识目标

1. 掌握离合器的作用。
2. 掌握离合器的结构。

能力目标

1. 能够正确拆装离合器。
2. 能够正确检查离合器。
3. 能够诊断并修复离合器常见故障。

任务1 离合器踏板的检查与调整

故障案例

一辆桑塔纳轿车,在行驶了 50 000 km 后发现,虽然离合器已经踩到底,但是摘挡、挂挡困难,并且故障现象越来越严重。

案例分析

根据故障现象分析,可能是离合器操纵机构出现了故障,应对离合器各组成部分进行检测和维修。

一、离合器的作用及工作要求

（一）离合器的作用

1. 实现发动机与底盘传动系统逐渐接合，保证汽车平稳起步

在汽车起步前，驾驶员踩下离合器踏板，使发动机与底盘传动系统彻底分离；当汽车起步时，驾驶员缓慢抬起离合器踏板，使离合器的主、从动部分逐渐接合，与此同时，逐渐踩下油门踏板，以增加发动机的输出转矩，将逐渐增大的发动机转矩传给传动系统。当牵引力足以克服汽车起步时的行驶阻力时，汽车便由静止开始缓慢逐渐加速，实现平稳起步。

2. 必要时暂时切断发动机的动力传输，保证变速器换挡平顺

汽车在行驶过程中，由于行驶条件的变换，需要不断变换挡位。对于普通齿轮变速器，换挡时不同的齿轮副要退出或进入啮合，这就要求底盘传动系统能够及时切断发动机的动力传输，并在换挡后快速重新连接动力传输。对于驾驶员来说，应在换挡前踩下离合器踏板，中断发动机的动力传递，以便于退出原有齿轮副的啮合而进入新齿轮副的啮合。如果没有离合器或离合器分离不彻底，动力不能完全中断，则原有齿轮副之间会因压力大而难以脱开，而待啮合齿轮副之间因圆周速度不同而难以进入啮合，勉强啮合也会产生很大的冲击和噪声，甚至会出现"打齿"的故障。

3. 限制所传递的最大转矩，防止传动系统过载

汽车紧急制动时，如果发动机与传动系统为刚性连接，则发动机转速将急剧下降，产生很大的惯性力矩，若这一力矩作用于传动系统，会造成传动系统过载而损坏零部件。当传动系统承受的载荷超过离合器所能传递的最大转矩时，离合器会通过主、从动部分之间的打滑来消除这一危险，从而起到过载保护的作用。

（二）离合器的工作要求

根据离合器的作用，它应满足以下工作要求：
① 接合时平顺，保证汽车平稳起步，减少冲击。
② 在可靠传递发动机转矩的同时能防止传动系统过载。
③ 分离时应迅速彻底，保证变速器换挡平顺和发动机起动顺利。
④ 旋转部分的平衡性好，且从动部分的转动惯量小。
⑤ 具有良好的通风散热能力，防止离合器温度过高。
⑥ 操纵轻便，以减轻驾驶员的疲劳。

二、离合器的结构

桑塔纳轿车发动机采用单片干式膜片弹簧离合器,采用机械传动式结构。膜片弹簧离合器如图1-2-1所示,主要由离合器从动盘、膜片弹簧与压盘等零件组成,膜片弹簧本身兼起压紧元件和分离杠杆的作用。膜片弹簧离合器的特点是结构简单,轴向尺寸小。膜片弹簧选用高强度、高韧性的铬钒合金弹簧钢,并经过局部高频淬火和喷丸硬化处理,提高了其耐磨性及疲劳强度。离合器从动盘装有变刚度组合弹簧扭转减振器,可有效地避免传动系统共振,缓和传动系统所受到的冲击载荷。

动画

膜片弹簧离合器组成

视频

膜片弹簧离合器工作原理

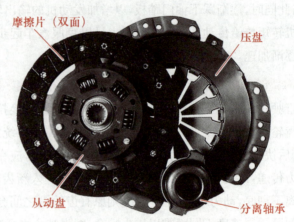

摩擦片(双面)

压盘

从动盘

分离轴承

图1-2-1 膜片弹簧离合器

三、检查离合器踏板

离合器踏板是离合器总成的操纵机构,使用频率很高,需经常对其进行检查与调整。

(一)离合器踏板故障现象

踩下离合器踏板,检查其是否存在以下故障现象:

① 踏板回弹无力。
② 异响。
③ 踏板过度松动。
④ 踏板沉重。

(二)检查离合器踏板高度

视频

离合器踏板高度检查

在检查离合器踏板高度时,应掀起驾驶室地板上的地毯或地板革,用直尺测量驾驶室地板到离合器踏板上表面的高度,若超出标准值,则应对其进行调整。

(三)检查离合器踏板自由行程

不同车辆的离合器踏板自由行程的要求不同,在检查时应按具体车辆要求进行,桑塔纳轿车离合器踏板自由行程为 15～20 mm。

离合器踏板自由行程的检查如图 1－2－2a 所示,用直尺抵在驾驶室地板上,先测量离合器踏板完全放松时的高度,再用手轻按踏板,以感到阻力增大为准,再次测量踏板高度,两次测量的高度差即为**离合器踏板自由行程**。

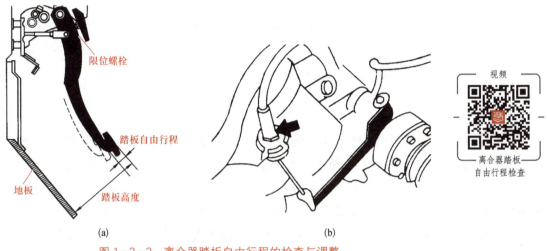

图 1－2－2 离合器踏板自由行程的检查与调整

四、调整离合器踏板

(一) 调整离合器踏板高度

离合器踏板高度可通过踏板后的限位螺栓进行调整。

(二) 调整离合器踏板自由行程

离合器踏板自由行程的调整如图 1－2－2b 所示。液压式操纵机构一般是调整主缸推杆的长度,调整时先将主缸推杆缩进螺母旋松,然后转动主缸推杆以调整离合器踏板自由行程,调整后应将锁紧螺母旋紧。

故障排除

根据分析,初步判定该故障属于离合器操纵机构出现故障,需对离合器踏板高度及自由行程进行检查。经测定,该车离合器踏板自由行程为 35 mm,超出了规定值,进行调整后故障排除。

任务 2　离合器油液的添加与放气

故障案例

一辆桑塔纳 2000GSi 型轿车,在行驶一段时间后发现摘挡、挂挡不顺畅。通过维修技师检查发现,离合器踏板自由行程正常,离合器从动盘和主动盘也没有出现过量的磨损,经过先后几次维修,虽有好转,但是故障一直没有完全排除。

案例分析

根据客户的描述,造成该故障的常见原因已经基本排除,本着先易后难的原则,应先检查该车离合器的分离状况。检查后发现该车离合器主、从动盘分离良好,但是在深入的检查中发现离合器的分离和接合缓慢,很可能是离合器液压式操纵机构出现故障。桑塔纳 2000GSi 型轿车采用液压式操纵机构,液压式操纵机构主要由主缸、工作缸及管路等组成。通过进一步的仔细检查发现,该车的离合器油液从未更换过,油液已经失效,且存在缺少油液的现象,因此应进行离合器油液的更换和添加。

知识链接

一、离合器油液的添加

在离合器液压式操纵机构中,离合器油液是工作介质,若在使用过程中出现了油液变质或缺失,应及时更换和补充,具体过程如下:

① 彻底擦除离合器油液储液罐加注口盖周围的污垢。由于离合器油液储液罐需保持洁净,在打开储液罐加注口盖之前应确保已彻底清洁其周围,避免灰尘落入储液罐中。

② 旋下离合器油液储液罐加注口盖。

③ 加注同型号的离合器油液至储液罐最大刻线处。

若使用不同型号的离合器油液,则应先放净原油液,并用新型号的离合器油液清洗离合器液压系统 1 次或 2 次,再进行添加。

在加注离合器油液的过程中应注意以下几点:

a. 离合器油液不可接触油漆。若不慎洒出,应用冷水冲干净。

b. 加注离合器油液时应避免溢出。溢出的油液若接触发动机,有可能引起燃烧。

c. 若因油液溢出而引起发动机起火,应使用干粉灭火器扑灭,严禁用水灭火。

d. 离合器油液对人体有害,若不慎接触了油液,应立即用肥皂或洗手液洗净。

④ 将储油罐加注口盖重新盖好并旋紧。

注意:使用过的离合器油液如果得不到正确处理,会危害环境和人体健康,应使用当地批准的废料处理设备进行处理,避免与生活垃圾一起处理。

二、离合器油液的放气

离合器液压传动系统在正常情况下处于密闭状态,一旦管路中渗入空气,会造成离合器踏板发软,导致离合器分离不彻底及离合器踏板踏到底后不能回位等故障。因此,当出现上述现象时或更换零件及离合器油液后,都必须排出油路中的空气,具体方法如下:

①用千斤顶顶起汽车,并用支架将汽车固定,检查储液罐中的油液,液面高度应位于最大刻线处,且在排气过程中保证液面始终保持在该位置。

②将打气管接于储液罐顶部的气管接头上,拧紧储液罐盖。

③取下工作缸排气阀上的护罩,安好排气软管,将软管的另一端插入油液收集容器内。

④用打气筒不间断地打气,同时旋松工作缸排气阀,利用压缩空气的压力迫使油管、主缸、工作缸内的油液和渗入的空气一同排出,直至所排出的油液中不含气泡时为止,然后拧紧排气阀。

⑤排净空气后,检查储液罐油液液面高度,必要时进行添加。

⑥检查离合器液压传动系统的技术状况。要求踏下离合器踏板时,坚实有力、反应灵敏且离合器分离彻底;松开离合器踏板时,踏板完全回位且离合器能完全接合。

故障排除

该车辆由于长时间未进行离合器油液的补充和更换,导致离合器油液变质并缺失,更换新的离合器油液后,故障排除。

任务3　离合器分离轴承、压盘和从动盘的检修

故障案例

一辆桑塔纳轿车在行驶过程中底盘发出异响。据车主反映,加速或油门不动时一切正常,但在收油门滑行或发动机制动期间,便发出"咯啦、咯啦"的撞击声。

案例分析

根据故障现象,初步判断故障原因为分离轴承磨损,但如果只是分离轴承磨损,那么车辆所产生的噪声应出现在踩下离合器踏板的阶段,而不可能在收油门时才产生,因此不能简单地修复分离轴承了事,需仔细对离合器分离轴承、压盘和从动盘进行全面检修。

知识链接

一、离合器分离轴承的检修

1. 分离叉轴的更换

① 拆卸变速器。

② 拆下离合器分离叉轴传动杆。

③ 拆下分离轴承。

④ 拆下挡圈。

⑤ 取下橡胶防尘套，拆下分离套筒。

⑥ 拆下分离叉轴的定位螺栓。

⑦ 拆下分离叉轴左衬套，取下分离叉轴。

⑧ 拆下分离叉轴右衬套。

⑨ 装上新的离合器分离叉轴右衬套。

⑩ 装上分离叉轴，用适量的润滑脂润滑衬套及分离叉轴的支承位置，并安装。

⑪ 用 15 N·m 的力矩旋紧分离叉轴的定位螺栓。

⑫ 装上分离套筒。

⑬ 将防尘套推入分离叉轴，将分离轴承挡圈压至尺寸 $A=18$ mm 的位置，如图 1-2-3a 所示。

⑭ 装上分离轴承，并使分离叉轴传动杆的安装位置达到 $a=20$ mm± 5 mm，如图 1-2-3b 所示。

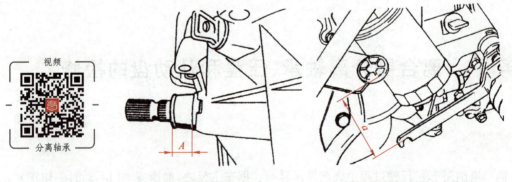

视频

分离轴承

(a) 分离轴承挡圈的安装位置　　　　　　(b) 分离叉轴传动杆的安装位置

图 1-2-3　分离叉轴的安装

2. 分离轴承的更换

① 拆卸变速器。

② 拆下分离轴承。

③ 用润滑脂润滑接触点，装上新的分离轴承。

④ 装上回位弹簧。

二、离合器压盘的检修

根据工作要求，离合器压盘的平面度公差为 0.2 mm，在检修离合器时应对其进行检测。检测方法是用钢直尺压在压盘上，然后用塞尺测量，如图 1-2-4 所示。

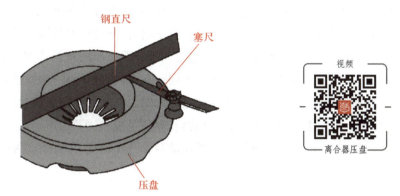

图 1-2-4　离合器压盘平面度误差的检测

视频
离合器压盘

三、离合器从动盘的检修

1. 目视检查

看离合器从动盘摩擦片是否有裂纹、铆钉外露、减振器弹簧断裂等情况，如果有则应更换从动盘。

2. 检测离合器从动盘的端面圆跳动误差

在距离合器从动盘外边缘 2.5 mm 处检测，如图 1-2-5 所示。离合器从动盘的最大端面圆跳动误差为 0.4 mm。

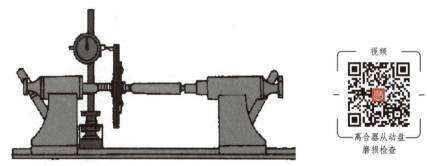

图 1-2-5　离合器从动盘端面圆跳动误差的检测

视频
离合器从动盘
磨损检查

3. 检查离合器从动盘摩擦片的磨损程度

离合器从动盘摩擦片的磨损程度可用游标卡尺进行测量。铆钉头埋入深度应不小于0.20 mm。

故障排除

在检修分离轴承后，又对离合器摩擦片进行了检查，根据铆钉目前的磨损深度，确定可以继续使用，但仔细观察后发现，从动盘钢片与从动盘毂之间有一小条打击的亮印，用一只手握住摩擦片，另一只手转动从动盘毂，发现其配合严重松旷。

因为发动机传到汽车传动系统的扭矩是周期性不断变化的，这就使传动系统产生扭矩振动，若其振动频率与传动系统的自振频率吻合，即会导致共振。减振弹簧不仅可以缓和冲击载荷，还可以降低自振频率，避免共振的产生。而该车的减振弹簧因频繁操作离合器，高温退火而缩短，失去了弹性连接与减振的作用。在车辆收油门滑行时，扭矩由车轮经传动系统传至发动机进行制动，从动盘钢片与从动盘毂之间因作用力的变向相对反转一定角度，便出现打击现象，而且因扭矩周期性变化，所以就会产生"咯啦、咯啦"的声响。

针对上述故障，应更换离合器从动盘和分离轴承，方可彻底排除故障。

手动变速器检修

知识目标

1. 掌握手动变速器的结构。
2. 掌握手动变速器的作用。

能力目标

1. 能够拆装手动变速器。
2. 能够检修手动变速器的常见故障。

任务 1　手动变速驱动桥的检修

故障案例

　　一辆桑塔纳 2000 型轿车换挡困难，并伴随撞击声，熄火停车后重复上述动作，挂挡稍有好转，但是仍较困难。

案例分析

　　由于熄火后换挡仍然困难，可排除故障是由于离合器分离不彻底造成的，判断为变速器故障，应对变速器进行检修。

知识链接

一、手动变速器的作用与组成

1. 手动变速器的作用

（1）调节传动比

通过改变传动比改变输出转速与扭矩，以适应经常变化的行驶条件，使发动机在最有利的条件下工作。

（2）保证汽车倒向行驶

利用倒挡使汽车能倒向行驶。

（3）保证汽车临时停车

利用空挡中断发动机向驱动桥的动力传递，以使发动机能够起步、怠速，满足汽车暂时停车的需要。

2. 手动变速器的分类与组成

手动变速器包括变速传动机构和操纵机构两大部分。变速传动机构的主要作用是改变转矩的大小和方向，操纵机构的作用是实现换挡。

变速传动机构是变速器的主体，按工作轴的数量（不包括倒挡轴）可分为两轴式变速器和三轴式变速器。

二、两轴式变速器的传动机构

两轴式变速器用于发动机前置前轮驱动的汽车，一般与驱动桥（前桥）合称为手动变速驱动桥。目前，我国常见的国产轿车，如桑塔纳、捷达、富康、奥迪等，均采用这种变速器。

前置发动机有纵向布置和横向布置两种形式，与其配用的两轴式变速器也有两种不同的结构形式。发动机纵向布置时，主减速器为一对锥齿轮，如奥迪100、桑塔纳2000型轿车，如图1-3-1所示；发动机横向布置时，主减速器采用一对圆柱齿轮，如捷达轿车，如图1-3-2所示。

图1-3-3、图1-3-4所示分别为桑塔纳2000型轿车两轴式变速器传动机构的结构图和示意图。

1. 结构

两轴式变速器的传动机构有输入轴和输出轴，两轴平行布置，输入轴也是离合器的从动轴，输出轴也是主减速器的主动锥齿轮轴。该变速器具有五个前进挡和一个倒挡，全部采用锁环式惯性同步器换挡。输入轴上有一～五挡主动齿轮，其中一、二挡主动齿轮与轴制成一体，三、四、五挡主动齿轮通过滚针轴承空套在轴上。输入轴上还有倒挡主动齿轮，它与轴制成一体。三、四挡同步器和五挡同步器也装在输入轴上。输出轴上有一～五挡从动齿轮，其中一、

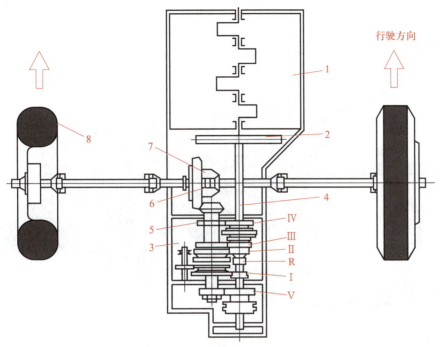

1—发动机;2—离合器;3—变速器;4—变速器输入轴;5—变速器输出轴(主减速器主动锥齿轮);
6—差速器;7—主减速器从动锥齿轮;8—前轮;
Ⅰ、Ⅱ、Ⅲ、Ⅳ、Ⅴ—一、二、三、四、五挡齿轮;R—倒挡齿轮。

图 1-3-1　发动机纵向布置的两轴式变速器

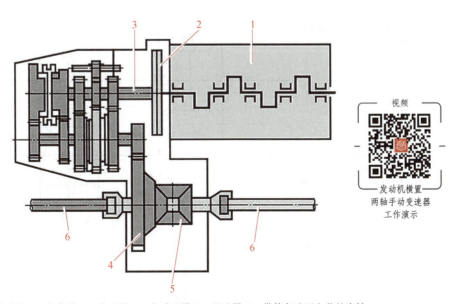

1—发动机;2—离合器;3—变速器;4—主减速器;5—差速器;6—带等角速万向节的半轴。

图 1-3-2　发动机横向布置的两轴式变速器

视频

发动机横置
两轴手动变速器
工作演示

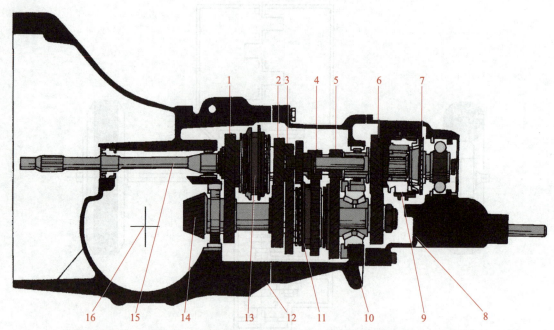

1—四挡齿轮；2—三挡齿轮；3—二挡齿轮；4—倒挡齿轮；5——挡齿轮；6—五挡齿轮；7—五挡运行齿环；
8—换挡机构壳体；9—五挡同步器；10—齿轮箱体；11——、二挡同步器；12—变速器壳体；
13—三、四挡同步器；14—输出轴；15—输入轴；16—差速器。

图 1-3-3　桑塔纳 2000 型轿车两轴式变速器传动机构的结构图

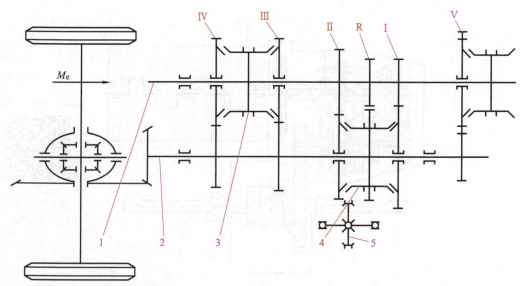

1—输入轴；2—输出轴；3—三、四挡同步器；4——、二挡同步器；5—倒挡中间齿轮；
Ⅰ——挡齿轮；Ⅱ—二挡齿轮；Ⅲ—三挡齿轮；Ⅳ—四挡齿轮；Ⅴ—五挡齿轮；R—倒挡齿轮。

图 1-3-4　桑塔纳 2000 型轿车两轴式变速器传动机构的示意图

二挡从动齿轮通过滚针轴承空套在轴上,三、四、五挡齿轮通过花键套装在轴上。一、二挡同步器也装在输出轴上。在变速器壳体的右端还装有倒挡轴,其上通过滚针轴承套装有倒挡中间齿轮。

动画

两轴手动变速器
换挡过程

2. 各挡动力传递路线

桑塔纳 2000 型轿车变速器各挡动力传递路线见表 1-3-1。

表 1-3-1　桑塔纳 2000 型轿车变速器各挡动力传递路线

挡位	动 力 传 递 路 线
一挡	变速器操纵杆从空挡向左、向前移动,动力传递路线: 输入轴→输入轴一挡齿轮→输出轴一挡齿轮→输出轴上一、二挡同步器→输出轴→动力输出
二挡	变速器操纵杆从空挡向左、向后移动,动力传递路线: 输入轴→输入轴二挡齿轮→输出轴二挡齿轮→输出轴上一、二挡同步器→输出轴→动力输出
三挡	变速器操纵杆从空挡向前移动,动力传递路线: 输入轴→输入轴三、四挡同步器→输入轴三挡齿轮→输出轴三挡齿轮→输出轴→动力输出
四挡	变速器操纵杆从空挡向后移动,动力传递路线: 输入轴→输入轴三、四挡同步器→输入轴四挡齿轮→输出轴四挡齿轮→输出轴→动力输出
五挡	变速器操纵杆从空挡向右、向前移动,动力传递路线: 输入轴→输入轴五挡同步器→输入轴五挡齿轮→输出轴五挡齿轮→输出轴→动力输出
倒挡	变速器操纵杆从空挡向右、向后移动,动力传递路线: 输出轴→输出轴倒挡齿轮→倒挡轴上倒挡齿轮→输出轴倒挡齿轮→输出轴→动力反向输出

3. 拆装和检修

变速器输入轴和输出轴的分解图分别如图 1-3-5 和图 1-3-6 所示。

(1) 整套齿轮的拆卸

① 拆卸变速器。

② 拆下变速器后盖。

③ 拆下轴承支座。

④ 拆下整套齿轮。

(2) 输入轴的拆卸

① 拆下四挡齿轮的卡环。

② 取下四挡齿轮、同步环和滚针轴承。

③ 拆下同步器锁环,如图 1-3-7 所示。

④ 取下三挡和四挡同步器、三挡同步环和齿轮,如图 1-3-8 所示。

⑤ 取下三挡齿轮滚针轴承。

⑥ 取下输入轴的中间轴承内座圈,如图 1-3-9 所示。

视频

手动变速器
的拆装

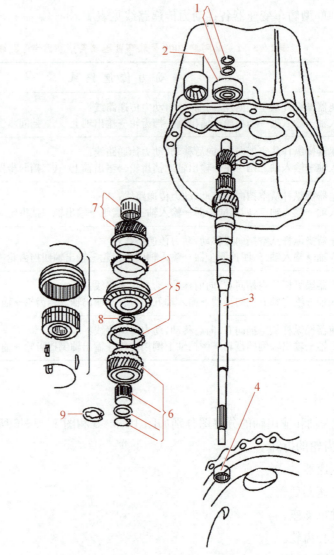

1—止推垫片及挡圈；2—后轴承；3—输入轴；4—滚针轴承；5—三、四挡同步器总成；
6—四挡齿轮及轴承、调整垫片、挡圈；7—三挡齿轮及轴承；8、9—挡圈。

图 1-3-5 变速器输入轴分解图

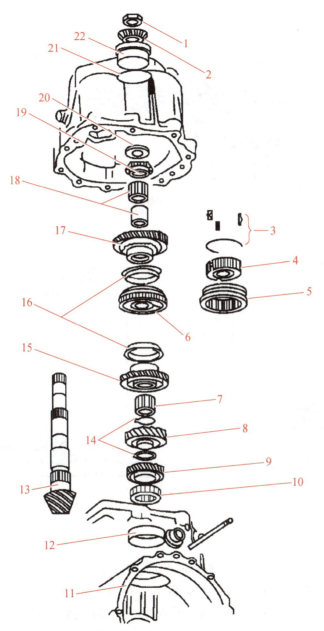

视频

手动变速器
壳体的拆装

1—螺母；2、19—圆锥滚子轴承；3—同步器滑块和滑块弹簧；4——、二挡同步器花键毂；
5——、二挡同步器接合齿套；6——、二挡同步器；7、10、18—滚针轴承；8—三挡齿轮；
9—四挡齿轮；11—变速器壳体；12—轴承外圈；13—输出轴；14—挡圈；15—二挡齿轮；
16—同步锁环；17——挡齿轮；20—隔套；21—调整垫片；22—轴承外圈。

图 1-3-6　变速器输出轴分解图

27

视频

同步器的
拆装

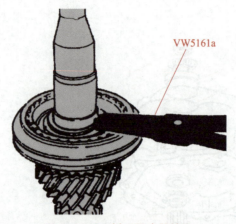

VW5161a

图 1-3-7 拆下同步器锁环

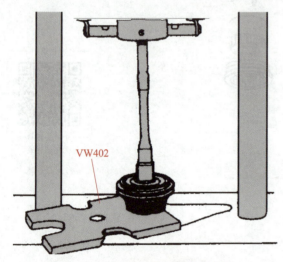

VW402

图 1-3-8 取下三挡和四挡同步器、
三挡同步环和齿轮

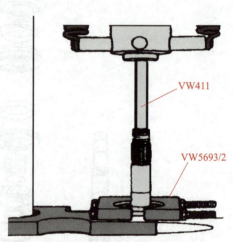

VW411

VW5693/2

图 1-3-9 取下输入轴的中间轴承内座圈

视频

手动变速器
输出轴的拆卸

视频

手动变速器
的组装

（3）输出轴的拆卸

① 拆下输出轴内后轴承和一挡齿轮，如图 1-3-10 所示。

② 取下一挡齿轮滚针轴承和一挡同步环。

③ 取下一挡齿轮滚针轴承内座圈、一挡和二挡同步器、二挡齿轮。

④ 取下二挡齿轮滚针轴承，如图 1-3-11 所示。

⑤ 拆下三挡齿轮的卡环、三挡齿轮，如图 1-3-12 所示。

⑥ 拆下四挡齿轮的卡环、四挡齿轮。

⑦ 拆下输出轴的前轴承。

（4）输入轴、输出轴的安装

① 装上中间轴承的内座圈，如图 1-3-13 所示。

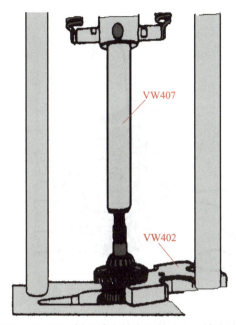

图 1-3-10　拆下输出轴内后轴承和一挡齿轮

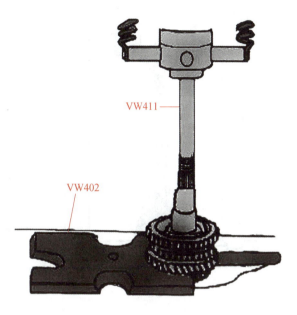

图 1-3-11　取下二挡齿轮的滚针轴承

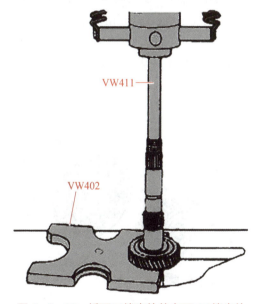

图 1-3-12　拆下三挡齿轮的卡环、三挡齿轮

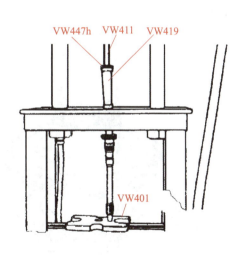

图 1-3-13　装上中间轴承的内座圈

② 将预先润滑过的三挡齿轮滚针轴承装上，把油槽转向二挡齿轮；组装三挡和四挡同步器；装上三挡齿轮、三挡和四挡同步器，装上卡环，如图 1-3-14 所示。

③ 装上四挡同步环、四挡齿轮滚针轴承和四挡齿轮，再装卡环。如图 1-3-15 所示，用 2 kN 的力将三挡齿轮、三挡和四挡同步器、四挡齿轮紧紧压在卡环上，把总成固定好。

视频

同步器的
安装

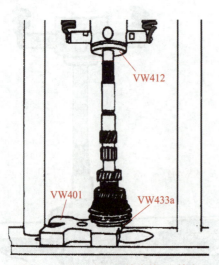
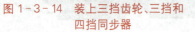

图 1-3-14　装上三挡齿轮、三挡和
四挡同步器

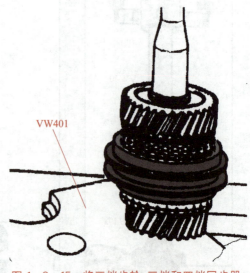

图 1-3-15　将三挡齿轮、三挡和四挡同步器、
四挡齿轮紧紧压在卡环上

④ 将前轴承装在输出轴上,装上四挡齿轮。用手扶住前轴承,使齿轮有凸缘的一边朝向轴承,用卡环将四挡齿轮固定好。卡环的厚度有 2.35 mm、2.38 mm、2.41 mm、2.44 mm、2.47 mm 等几种。

⑤ 安装三挡齿轮,使凸缘朝向四挡齿轮。用塞尺测量卡环的厚度,如图 1-3-16 所示。根据测量结果选择适当的卡环并装上。

图 1-3-16　测量卡环的厚度

图 1-3-17　装配一挡和二挡同步器

视频
手动变速器
壳体的安装

⑥ 安装二挡齿轮滚针轴承、二挡齿轮和二挡同步环。装配一挡和二挡同步器,如图 1-3-17 所示。

⑦ 装上一挡和二挡同步器,如图 1-3-18 所示,同步器壳体的槽应朝向一挡齿轮。装上一挡齿轮滚针轴承的内座圈。装上一挡同步环、一挡齿轮、一挡齿轮滚针轴承。

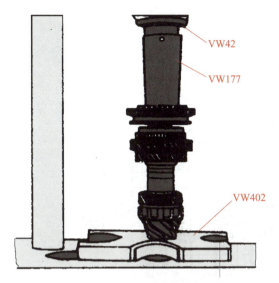

图 1-3-18 装上一挡和二挡同步器

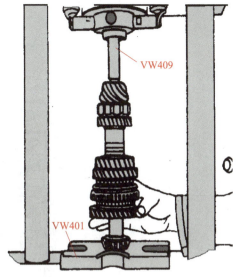

图 1-3-19 装上输出轴内后轴承

⑧ 装上输出轴内后轴承,如图 1-3-19 所示。将输入轴和输出轴装在轴承支座上,将轴承支座装在变速器壳体上。将变速器后盖装在变速器轴承支座上。

故 障 排 除

经拆卸和检验,该车辆由于变速器油变质造成润滑不良,出现磨损和异响,在更换变速器油与磨损部件后试车,故障排除。

三、三轴式变速器的传动机构

1. 结构

三轴式变速器除了输入轴(第一轴)和输出轴(第二轴)外,还有中间轴,中间轴主要是固定安装各挡位的变速传动齿轮。由于三轴式变速器的每个挡位都是由两对齿轮传动,因此输入轴和输出轴的旋转方向相同,这种变速器适合发动机前置且后轮驱动的车辆。其结构如图 1-3-20 所示。

2. 各挡动力传递路线

如东风 EQ1092 型汽车变速器,其变速传动示意图如图 1-3-21 所示。

其各挡动力传递路线见表 1-3-2。

3. 拆卸和装配

(1) 变速器的拆卸

东风 EQ1090E 型汽车变速器分解图如图 1-3-22 所示。

① 旋出放油螺塞,放净变速器内的润滑油,拆卸传动轴,拆去变速器与离合器壳的 4 个紧固螺栓,变速器带离合器分离轴承座和驻车制动器总成即可平行退出。

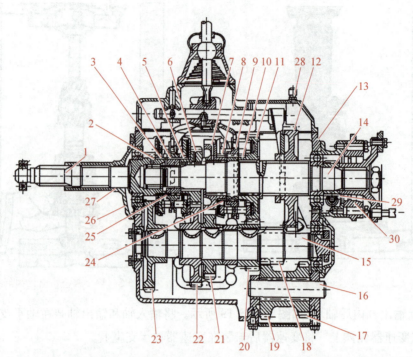

1—第一轴；2—第一轴常啮合传动齿轮；3—第一轴齿轮接合齿圈；4、9—接合套；5—四挡齿轮接合齿圈；6—第二轴四挡齿轮；
7—第二轴三挡齿轮；8—三挡齿轮接合齿圈；10—二挡齿轮接合齿圈；11—第二轴二挡齿轮；12—第二轴一、倒挡滑动齿轮；
13—变速器壳体；14—第二轴；15—中间轴；16—倒挡轴；17、19—倒挡中间齿轮；18—中间轴一、倒挡齿轮；
20—中间轴二挡齿轮；21—中间轴三挡齿轮；22—中间轴四挡齿轮；23—中间轴常啮合传动齿轮；24、25—花键毂；
26—第一轴承盖；27—轴承盖回油螺纹；28—通气孔；29—里程表传动齿轮；30—中央制动器底盘。

图 1-3-20　三轴式变速器结构图

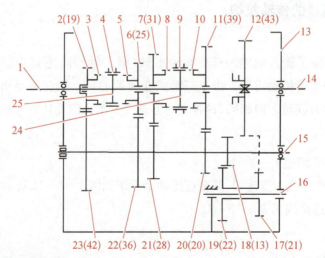

1—第一轴；2—第一轴常啮合传动齿轮；3—第一轴齿轮接合齿圈；4、9—接合套；5—四挡齿轮接合齿圈；6—第二轴四挡齿轮；
7—第二轴三挡齿轮；8—三挡齿轮接合齿圈；10—二挡齿轮接合齿圈；11—第二轴二挡齿轮；12—第二轴一、倒挡滑动齿轮；
13—变速器壳体；14—第二轴；15—中间轴；16—倒挡轴；17、19—倒挡中间齿轮；18—中间轴一、倒挡齿轮；
20—中间轴二挡齿轮；21—中间轴三挡齿轮；22—中间轴四挡齿轮；23—中间轴常啮合传动齿轮；24、25—花键毂。

图 1-3-21　东风 EQ1092 型汽车变速器变速传动示意图

表 1-3-2 东风 EQ1092 型汽车变速器各挡动力传递路线

挡位	动力传递路线
空挡	二轴上的各接合套、传动齿轮均处于中间空转的位置,动力不传给第二轴。
一挡	第一轴 1 —→第一轴常啮合传动齿轮 2 —→中间轴常啮合传动齿轮 23 —→中间轴 15 —→中间轴一、倒挡齿轮 18 —→第二轴一、倒挡滑动齿轮 12 —→第二轴 14。
二挡	第一轴 1 —→第一轴常啮合传动齿轮 2 —→中间轴常啮合传动齿轮 23 —→中间轴 15 —→中间轴二挡齿轮 20 —→第二轴二挡齿轮 11 —→接合套 9 —→花键毂 24 —→第二轴 14。
三挡	第一轴 1 —→第一轴常啮合传动齿轮 2 —→中间轴常啮合传动齿轮 23 —→中间轴 15 —→中间轴三挡齿轮 21 —→第二轴三挡齿轮 7 —→接合套 9 —→花键毂 24 —→第二轴 14。
四挡	第一轴 1 —→第一轴常啮合传动齿轮 2 —→中间轴常啮合传动齿轮 23 —→中间轴 15 —→中间轴四挡齿轮 22 —→第二轴四挡齿轮 6 —→接合套 4 —→花键毂 25 —→第二轴 14。
五挡（直接挡）	第一轴 1 —→第一轴常啮合传动齿轮 2 —→接合套 4 —→花键毂 25 —→第二轴 14。
倒挡	第一轴 1 —→第一轴常啮合传动齿轮 2 —→中间轴常啮合传动齿轮 23 —→中间轴 15 —→中间轴一、倒挡齿轮 18 —→倒挡中间齿轮(惰轮)19(17) —→第二轴一、倒挡滑动齿轮 12 —→第二轴 14。

② 从变速器第一轴轴承盖上取下分离轴承。

③ 拆下驻车制动鼓上的两个固定螺栓,取下驻车制动鼓,拧松凸缘锁紧螺母,取下碟形弹簧垫圈,拉出凸缘,然后拆去驻车制动机构的各连接件。

④ 拆下变速器上盖总成。

⑤ 拆下变速器第二轴后轴承盖。

⑥ 从变速器前端拆下紧固第一轴轴承盖的螺栓上的钢丝锁线和螺栓,然后取下轴承盖。

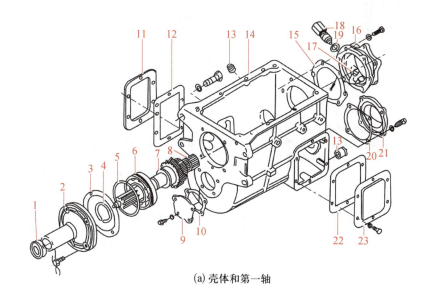

(a) 壳体和第一轴

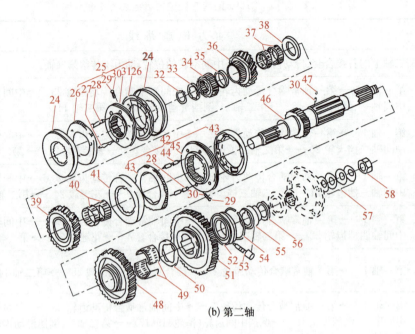

(b) 第二轴

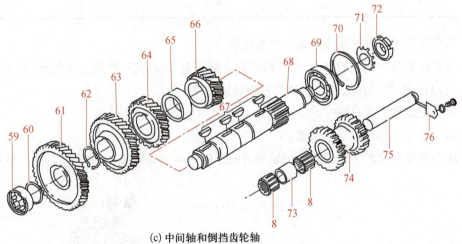

(c) 中间轴和倒挡齿轮轴

1—第一轴前轴承(装于飞轮中心座孔中)；2—第一轴轴承盖；3、10、12、15、20、22—衬垫；4—第一轴后轴承挡圈；
5—第一轴后轴承外缘挡圈；6—第一轴后球轴承；7—第一轴；8—第二轴前轴承；9—中间轴前轴承盖；11—盖板；
13—放油螺塞；14—变速器壳体；16—第二轴后轴承盖；17—里程表从动齿轮油封；18—里程表软轴接头；19—接头密封圈；
21—中间轴后轴承盖；23—倒挡齿轮检查孔盖板；24—四、五挡同步器锥盘；25—四、五挡同步器锥环总成；26、43—锥环；
27、44—锁销；28—同步器定位销；29—定位钢球；30—锁销定位弹簧；31—四、五挡滑动齿套；32—四、五挡固定齿座锁环；
33—固定齿座止推环；34—四、五挡固定齿座；35—四挡齿轮滚针轴承挡圈；36—四挡齿轮；37—四挡齿轮滚针轴承；
38—四挡齿轮止推环；39—三挡齿轮；40—三挡齿轮滚针轴承；41—三挡同步器锥盘；42—二、三挡同步器锥环总成；
45—二、三挡滑动齿套；46—第二轴；47—二挡齿轮止推环锁销；48—二挡齿轮；49—二挡齿轮滚针轴承；
50—二挡齿轮止推环；51—一挡及倒挡轮；52—第二轴后轴承；53—里程表从动齿轮；54—第二轴后轴承外缘挡圈；
55—里程表主动齿轮；56、65—隔套；57—碟形弹簧垫圈；58—凸缘锁紧螺母；59—中间轴前轴承；60—弹性挡圈；
61—中间轴常啮合齿轮；62—挡圈；63—四挡齿轮；64—三挡齿轮；66—二挡齿轮；67—半圆键；68—中间轴；
69—中间轴后轴承；70—中间轴后轴承外缘挡圈；71—后轴承锁片；72—锁紧螺母；73—轴承隔套；
74—倒挡齿轮；75—倒挡齿轮轴；76—倒挡齿轮轴锁片。

图 1-3-22　东风 EQ1090E 型汽车变速器分解图

⑦ 用铜棒左右轻轻敲击第一轴,将第一轴连同第一轴后球轴承一起从前端拔出,然后从第一轴中取出第二轴前轴承。

⑧ 用手托起第二轴前端上下晃动,并用铜棒左右敲击第二轴的后端,将第二轴向后退出稍许,用顶拔器从第二轴上取下后端轴承后,将第二轴总成从变速器壳体内拿出。

⑨ 从第二轴取下四、五挡同步器锥环总成,拆下四、五挡固定齿座锁环,取下固定齿座止推环,第二轴上二、三挡同步器锥环总成和它前面的所有零件可以依次从轴上取下。

⑩ 从壳体上拆卸中间轴前、后轴承盖,撬开后轴承锁片,拧下锁紧螺母,拆卸倒挡齿轮检查孔盖板,取下倒挡齿轮轴锁片,利用倒挡轴后端的螺纹孔,用专用工具将轴拔出,并从倒挡检查孔中取出倒挡齿轮和第二轴前轴承及轴承隔套。

⑪ 从中间轴上取下弹性挡圈,用压床将中间轴常啮合齿轮压出。

(2) 变速器的装配

① 装合中间轴总成,齿轮应依次压入(注意:齿轮的内凹槽必须对准轴上的半圆键,以免零件压坏)。装合第二轴总成,并注意二、三挡同步器滑动齿套凸出的一面朝前。

② 将变速器壳体,固定在工作台上,把装好的中间轴总成放入中间轴孔中,两端套上中间轴前、后轴承。

③ 用铜棒把中间轴前、后轴承轻轻敲入轴承座孔,把倒挡齿轮轴轻敲到安装位置。

④ 将装好的第二轴总成放到壳体里,把四、五挡同步器总成套在第二轴上。

⑤ 从第二轴后端套上第二轴后轴承,并用铜棒轻轻敲击,使轴承靠到花键部分的台肩上,套入里程表主动齿轮和隔套,然后在轴承外缘上装上第二轴后轴承外缘挡圈。

⑥ 在变速器第一轴前端压入第一轴后球轴承,装上挡圈,在后端主动齿轮内孔中装入第二轴前轴承,然后把第一轴装到壳体前端轴承孔中,使第二轴前端轴颈对准第一轴轴承孔。

⑦ 从第一轴前端先将密封纸垫安放在轴承盖贴合处,套上轴承盖,用螺栓对称紧固,再用铜丝锁线以"8"字形穿入螺柱头的孔中拧紧。

⑧ 在壳体上装上第二轴后轴承盖,并加上纸垫,用螺柱对称紧固。装上甩油环,把已装好的驻车制动器总成固定在轴承盖上。把驻车制动器凸缘套在第二轴上,装上碟形弹簧垫圈,用锁紧螺母紧固(拧紧力矩为 200～250 N·m)。

(3) 变速器盖的装配

变速器盖及操纵机构分解图如图 1-3-23 所示。

① 将变速器叉轴装在变速器盖相应的孔位中,同时装上变速叉叉轴锁止弹簧及自锁钢球,互锁圆柱销及互锁钢球,变速叉和一、倒挡导块等。拧入变速叉止动螺栓,拧紧后用钢丝锁线分别将变速叉止动螺栓锁紧在叉轴上,打入变速器盖前端座孔塞片 10,如图 1-3-23 所示。

② 在变速器处于空挡位置时,装上密封衬垫,盖上变速器盖总成,如图 1-3-23 所示。

③ 按拆卸的相反程序,装上衬垫,装复变速器顶盖总成。拧下加油螺塞,加注润滑油至规定油面高度,再拧上加油螺塞。

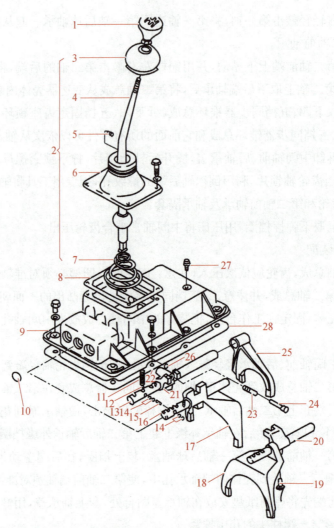

1—操纵手柄；2—顶盖总成；3—防尘罩；4—操纵杆；5—操纵杆限位锁；6—顶盖带衬套总成；7—弹簧；8、28—密封衬垫；
9—上盖；10、26—塞片；11—变速叉叉轴锁止弹簧；12—自锁钢球；13——、倒挡变速叉叉轴 14—互锁钢球。

图 1-3-23　变速器盖及操纵机构分解图

任务 2　手动变速器主要零部件的检修

故障案例

　　一辆桑塔纳 2000 型轿车的车主反映，在最近一段时间内，在进行正常变速操作时常常出现变速杆不能挂入挡位，或者勉强挂上挡后又很难摘下来的现象。

案例分析

该车采用手动变速器,由于驾驶员操作方法无误,所以挂挡、摘挡困难很可能是由于变速器故障导致的。手动变速器故障的可能原因有以下几种:

① 变速杆下端磨损或控制杆弯曲。

② 拨叉或拨叉轴磨损、松旷、弯曲。

③ 自锁或互锁弹簧过硬,钢球损伤。

④ 控制连杆机构(远程控制式机构)动作不良。

⑤ 同步器磨损或损坏。

⑥ 变速器轴弯曲变形或花键损伤。

因此,应对手动变速器各组成零部件进行检修。

知识链接

一、输入轴和输出轴的检修

检查输入轴和输出轴,不应有裂纹,轴颈及花键不应有严重磨损,轴上的齿轮不应有断齿和严重磨损,否则应更换。分别用游标卡尺测量输出轴凸缘厚度(图1-3-24)和内座圈外径(图1-3-25),磨损量不应超过标准值;用外径千分尺测量各轴轴颈外径(图1-3-26),用百分表测量各轴径向圆跳动误差(图1-3-27),如超过极限值,则应更换。

视频

游标卡尺的
使用

图1-3-24 测量输出轴凸缘厚度

图1-3-25 测量内座圈外径

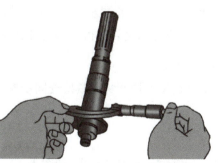

图1-3-26 测量各轴轴颈外径

视频

千分尺的
构造与使用

视频

百分表的
使用

图1-3-27 测量各轴径向圆跳动误差

二、各挡齿圈的检修

1. 目视法检查

观察齿轮牙齿有没有裂缝、齿面剥落、齿端毛刺或剥落等现象。齿面有轻微斑点或边缘破损时,在不影响质量的情况下可用油石修磨。

2. 检测同步环和各挡齿轮游隙

用专用测量工具,如测隙规、百分表等工具检测同步环(图1-3-28)及各挡齿轮游隙(图1-3-29)。

图1-3-28 检测同步环

图1-3-29 检测齿轮游隙

3. 检测同步器齿毂和齿套

检查同步器齿毂的花键部位和同步器滑块的滑槽是否损坏或磨损。把齿毂装配到齿套里,检查齿毂和齿套在上下方向是否过松,齿毂、齿套是否歪斜。

4. 检查同步器滑块和弹簧

采用目视法并配合使用专用测量工具检查同步器滑块和弹簧的磨损情况,若超出极限值范围,应更换。

5. 测量齿轮端隙

用测隙规测量齿轮端隙是否符合要求,如图1-3-30、图1-3-31所示,如超过极限值,应更换。

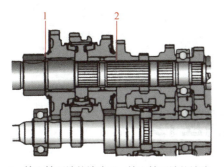

1—输入轴两端的端隙；2—输入轴两端的端隙。

图1-3-30　测量输入轴上齿轮端隙

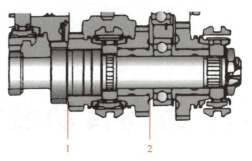

1—输出轴两端的端隙；2—输出轴两端的端隙。

图1-3-31　测量输出轴上齿轮端隙

三、变速器横杆的检修

1. 检查变速器横杆有无变形

检查变速器横杆有无变形（检查拨动变速器横杆时有无发卡现象，横杆轴与锁紧螺栓及锁紧钢丝能否锁紧），如有则应更换变速器横杆或钢丝。若变速器横杆变形，可校正修复。

2. 检查变速器横杆磨损情况

若变速器横杆轴与衬套磨损严重，则应更换。

四、变速叉的检修

变速叉的损坏主要是叉的弯曲和扭曲，以及叉上端的导动块和叉下端端面磨薄或磨出沟槽，从而影响齿轮正常啮合，导致"跳挡"的故障。变速叉弯曲或扭曲变形后，可用敲击法校正。导动块和端面磨损严重时，应进行焊补修复或更换。变速叉轴弯曲、锁销及定位球磨损、定位弹簧变软和折断均会引起"跳挡"。

故障排除

本故障案例可能出现的故障部位较多，可按如下步骤进行逐一排除：

① 若汽车行驶时出现换挡困难的现象，应首先检查离合器能否彻底分离，操纵机构能否正常工作。

② 如上述情况良好，应拆开变速器盖，检查拨叉是否弯曲，如果弯曲应校正或更换。若拨叉轴与导向孔锈蚀，可用较细的砂纸进行光磨。

③ 检查自锁和互锁装置工作是否良好，否则予以更换。

④ 检查拨叉的固定螺栓是否松动，若松动应予以紧固。

⑤ 检查变速器轴花键损伤或轴弯曲情况，酌情给予修复或更换。

⑥ 检查同步器磨损或损坏情况，若磨损严重或损坏应更换。

经过上述检查，发现该车存在同步器磨损严重的情况，更换同步器后，故障排除。

Item 4
项目4 | 万向传动装置检修

 知识目标

1. 掌握万向传动装置的作用。
2. 掌握万向传动装置的结构。

 能力目标

1. 能够拆装万向传动装置。
2. 能够检修万向传动装置的常见故障。

任务 1　半轴总成的拆装

故障案例

　　一辆普通桑塔纳轿车的车主反映，最近一段时间车辆在正常直线行驶时，出现"嗡嗡"的响声，并且随车速的升高，响声随之升高。在进一步询问中得知，该车在出现异常前，曾经在驶过泥泞路段时出现车辆底部碰撞和托底的现象。

案例分析

　　根据故障现象，该车很可能是传动系统出现了问题，应进行球笼、轴承和半轴等部位的检查。在检查过程中发现，该车左、右的内、外球笼没有出现漏油现象，球笼防尘套也完好无损；在检查前轮轴承间隙时，发现一切正常。但是仔细检查该车的半轴发现该车的左侧半轴有磕碰的痕迹，所以应对半轴总成进行拆检。

知识链接

一、万向传动装置概述

1. 万向传动装置的功用

万向传动装置功用是能在汽车上任何一对轴间夹角和相对位置经常发生变化的转轴之间传递动力。

2. 万向传动装置的组成

万向传动装置一般由万向节、传动轴、中间支承三部分组成。注意：中间支承并不是所有的万向传动装置上都需要，只有当传动轴较长时需要中间支承来防止传动轴高速传动时发生抖动和消除安装误差。如图 1-4-1 所示。

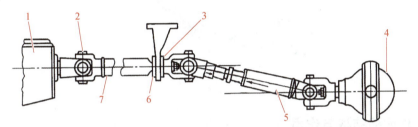

1—变速器；2—传动轴；3—中间支撑；4—驱动桥；5、7—传动轴；6—球形轴承。

图 1-4-1 万向传动装置的组成

3. 万向传动装置在汽车上的应用

（1）变速器与驱动桥之间，如图 1-4-2 所示。

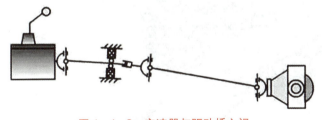

图 1-4-2 变速器与驱动桥之间

（2）变速器与分动器之间（四驱汽车上使用），如图 1-4-3 所示。

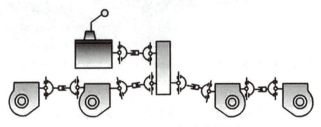

图 1-4-3 变速器与分动器之间

（3）断开式驱动桥的半轴，如图1-4-4所示。

图1-4-4　断开式驱动桥的半轴

（4）转向轴，如图1-4-5所示。

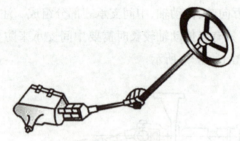

图1-4-5　转向轴

二、半轴总成的结构与作用

1. 半轴总成的结构

半轴总成的结构如图1-4-6所示。

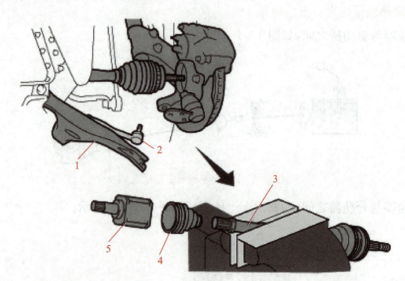

1—下摆臂；2—横拉杆端头；3—驱动轴；4—驱动轴护套；5—内侧球节。

图1-4-6　半轴总成的结构

半轴总成的结构因驱动桥的结构形式不同而异。整体式驱动桥的半轴为一刚性的整轴，而转向驱动桥和断开式驱动桥的半轴则分段并用万向节连接。半轴内端一般制有外花键，与半轴齿轮连接。半轴外端有的直接在轴端锻造出凸缘盘;有的制成花键,与单独制成的凸缘盘滑动配合;还有的制成锥形,并通过键和螺母与轮毂固定连接。

2. 半轴的作用

半轴的作用是将差速器传来的动力传给驱动轮。因其传递的转矩较大,常制成实心轴。

三、半轴总成的拆卸

1. 举升车辆

用举升机举起汽车或停在平坦的地面上(将前轮用楔木楔住),松开驻车制动器。

2. 拆卸 ABS 轮速传感器

在拆卸半轴之前应先卸下 ABS 轮速传感器,否则易导致传感器的损坏。

3. 拆卸半轴总成锁止螺母

将半轴总成的螺丝槽置于朝上的位置,并用专用工具拧松半轴总成锁止螺母。

4. 顶出半轴

半轴需从凸缘螺孔内顶出,可选用紧固减速器壳的螺栓将半轴顶出。具体做法是将其拧入半轴凸缘上的螺孔内,即可将半轴顶出。

5. 拆卸半轴总成护套

① 将半轴总成用台钳固定在铝板之间。

② 将内侧护套滑动到外侧球节侧。

③ 对齐内侧球节、三脚头球节和外侧节轴,并在其上做好配合记号,以便部件能够按原始位置进行安装。

④ 用卡环钳拆卸卡环。

⑤ 将黄铜棒放在除了三脚头球节滚柱外的任何地方,然后用锤子敲击黄铜棒,以拆下三脚头球节。

⑥ 拆卸外侧和内侧护套。

四、半轴总成的装配

1. 装配半轴总成外侧球节护套(图 1-4-7)

① 将外侧球节上的润滑脂全部擦掉。

② 在轴花键上缠好保护带,避免花键磨损。

③ 放入新的外侧球节护套。

④ 将和外侧球节护套总成一起配备的所有外侧球节尽可能地靠近球节的位置。

⑤ 将外侧球节护套和安装表面对齐后进行安装。

视频

内等速万向节
的装复

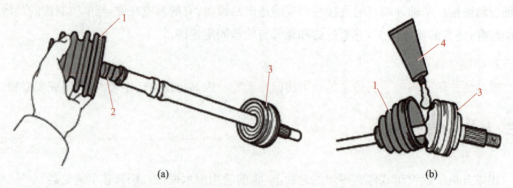

1—外侧球节护套；2—保护带；3—外侧球节；4—加注外侧球节润滑脂。

图1-4-7　装配半轴总成外侧球节护套

2. 装配半轴总成内侧球节护套(图1-4-8)

① 将拆卸过程中做好的配合记号对齐，然后使三脚头球节啮合并安装在花键上。

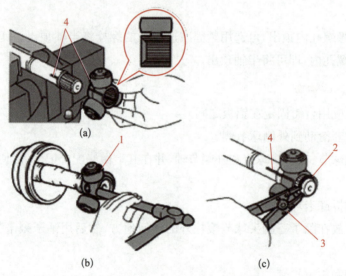

1—三脚头球节滚柱；2—卡环；3—卡环钳；4—配合记号。

图1-4-8　装配半轴总成内侧球节护套

② 用黄铜棒敲击三脚头球节，以插入三脚头球节。此时应注意使黄铜棒避开滚柱位置，避免因敲击滚柱造成变形。

③ 用卡环钳装入卡环。

故障排除

经拆卸检测发现，该车半轴已经弯曲且超过标准，应进行更换。更换新的半轴总成后，故障排除。

任务2 万向节的检查与更换

故障案例

一辆帕萨特轿车在行驶了 40 000 km 后,车主反映左前轮发出不规则的"嗡嗡"响声,且随车速的提高,响声也逐渐升高。

案例分析

经询问得知,该车最近经常路过一段崎岖不平的路段。对车轮左侧传动系统进行检测后发现,左侧车轮的轴承间隙正常,无异响,左侧的内、外球笼及防尘套完好,左侧的半轴目测也正常。为了进一步分析故障原因,决定拆下左侧的半轴进行仔细检查。在拆下左侧半轴后发现,左侧的万向节球笼磨损严重,钢珠已经出现破损,需进行万向节的检查与更换。

知识链接

一、万向节的作用与分类

1. 万向节的作用

万向节的主要作用是保证不在同一轴线上或相对位置经常发生变化的两轴之间可靠的传递动力。

2. 万向节的分类

根据万向节的用途和结构不同,可以将万向节分为使用刚性铰链的刚性万向节和使用弹性元件的柔性万向节,也可分为不等速万向节、准等速万向节和等速万向节。

(1) 普通十字轴式不等速万向节

普通十字轴式不等速万向节由两个万向节叉、十字轴、轴承等部件组成,如图 1-4-9 所示。为了减少摩擦和磨损,设有滚针和套筒组成的滚针轴承。为了防止轴承脱出,有锁片。为了润滑轴承,十字轴作成中空的。为了防止润滑油漏出及污染,有油封。为了防止润滑油压过大,设有安全阀。滚针轴承轴向定位方式:盖板式、瓦盖式、U型螺栓式、卡圈定位式。

十字轴万向节的传动特性:

单个万向节传动的不等速性是指从动轴在转一圈内,其角速度时而大于主动轴的角速度,时而小于主动轴的角速度的现象。

① 当主动叉在垂直平面内时,如图 1-4-10 所示:

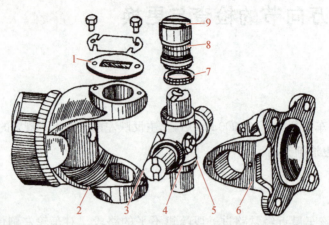

1—轴承盖;2、6—万向节叉;3—油嘴;4—十字轴;5—安全阀;7—油封;8—轴承;9—套筒。

图1-4-9　普通十字轴式不等速万向节

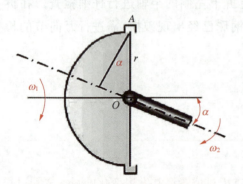

图1-4-10　主动叉在垂直平面内

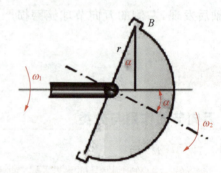

图1-4-11　主动叉在水平平面内

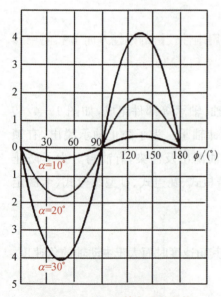

图1-4-12　不等角速性曲线

$$V_A = \omega_1 \cdot r = \omega_2 \cdot r \cdot \cos \alpha V_A = \omega_1 \cdot r = \omega_2 \cdot r \cdot \cos \alpha$$

$$\omega_1 = \omega_2 \cdot \cos \alpha$$

$$\omega_1 \leqslant \omega_2$$

② 当主动叉在水平平面内时,如图1-4-11所示:

$$V_B = \omega_2 \cdot r = \omega_1 \cdot r \cdot \cos \alpha$$

$$\omega_2 = \omega_1 \cdot \cos \alpha$$

$$\omega_1 \geqslant \omega_2$$

由此看出,单个十字轴式万向节,当主动叉轴以等角速旋转时,从动叉轴是不等角速的,其角速度 ω_2 在 $\omega_1 / \cos \alpha \geqslant \omega_2 \geqslant \omega_1 \cos \alpha$ 范围内变化,变化的周期为180°。且从动叉轴不等速程度随轴间夹角 α 的加大而加大。我们把单个十字轴式万向节的这种运动特性称之为不等角速性,如图1-4-12所示。

　　单个十字轴万向节的不等速性危害：会使从动轴及与其相连的传动部件产生扭转振动，产生附加的交变载荷及振动噪声，影响零部件使用寿命。

　　为避免这一缺陷，在汽车上均采用两个普通万向节，且中间以传动轴相连，利用第二个万向节的不等速效应来抵消第一个万向节的不等速效应，从而实现输入轴与输出轴等角速传动。

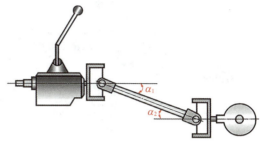

　　十字轴万向节等速传动条件：

　　必须同时满足两个条件，如图 1-4-13 所示：

　　① 第一个万向的两轴间的夹角与第二个万向的两轴间的夹角相等，即 $\alpha_1 = \alpha_2$。

图 1-4-13　十字轴万向节等速传动条件

　　② 传动轴两端的万向节叉处于同一平面内。

　　满足上述两条件的等速传动有两种排列方式，如图 1-4-14 所示。

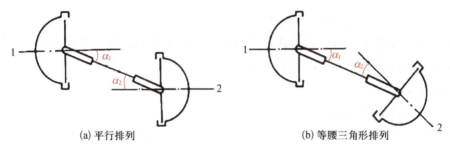

(a) 平行排列　　　　　　　　　(b) 等腰三角形排列

图 1-4-14　等速传动排列方式

　　(2) 准等速万向节

　　准等速万向节根据两个普通万向节实现等速传动的原理设计而成的，只能近似地实现等速传动的万向节。常见的有双联式和三销式。

　　双联式万向节的原理是一套传动轴长度缩短至最小的双万向节等速传动装置，如图 1-4-15 所示。特点是双联叉相当于两个在同一平面上的万向节叉；装有分度机构。

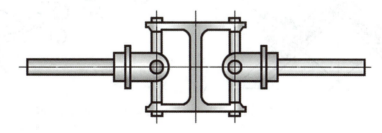

图 1-4-15　双联式万向节

　　三销式万向节是双联万向节演变而来的，如图 1-4-16 所示。主要结构特点是主、从动偏心轴叉分别与转向驱动桥的内、外半轴制成一体，叉孔中心与叉轴中心线互相垂直但不相交，两叉由两个三销轴连接三销轴大端中心线与小端轴颈中心线重合，靠近大端两侧有两轴

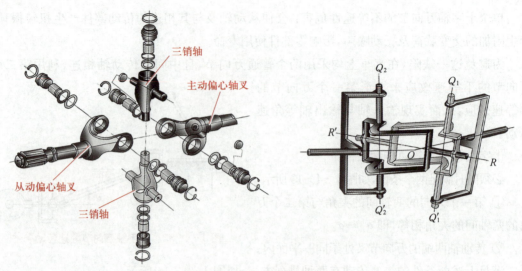

图1-4-16 三销式万向节

颈,其中心线与小端轴颈中心线垂直并相交。

准等速万向节特点:允许相邻两轴有较大的交角,最大可达45°。采用此万向节的转向驱动桥可使汽车获得较小的转弯半径,提高了汽车的机动性。

(3)等速万向节

① 等速万向节的基本原理

使传力点始终位于两轴夹角的平分面上与大小相同的锥齿轮传动原理相同如图1-4-17所示。

两齿轮的接触点 P 位于两齿轮轴线交角的平分面上,P 点两齿轮的圆周速始终相等。

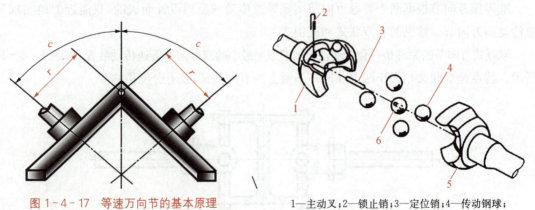

图1-4-17 等速万向节的基本原理

1—主动叉;2—锁止销;3—定位销;4—传动钢球;
5—从动叉;6—中心钢球。

图1-4-18 球叉式等速万向节

② 球叉式等速万向节

球叉式等速万向节的主、从动叉分别与内外半轴制成一体;主、从动叉上各有四个曲面凹槽;四个传力钢球,一个定心钢球;一个锁止销,一个定位销,如图1-4-18所示。

球叉式等速万向节的工作原理如图 1-4-19 所示主、从叉曲面凹槽的中心线分别是以 O_1、O_2 为圆心的两个半径相等的圆，且圆心 O_1、O_2 到万向节中心 O 的距离相等，这样无论主、从动轴以任何角度相交，传动钢球中心都位于两圆的交点上，从而保证传动钢球始终位于两轴交角 α 的平分面上，因而保证了等速传动。

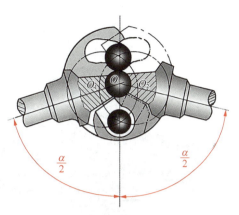

图 1-4-19　球叉式等速万向节工作原理

球叉式等速万向节的特点：结构简单、能等角速传动、最大夹角 32～38°；但正反转只有两个刚球受力，磨损快。主要应用在中、小型越野汽车转向驱动桥上。

③ 球笼式等速万向节

球笼式等速万向节按其内、外滚道结构不同又分为 RF 型球笼万向节、球笼式双补偿万向节和 VL 型球笼万向节等多种。

a. RF 型球笼万向节主要由内球座（星形套）、球笼、碗形外球座及钢球等组成，如图 1-4-20 所示。奥迪和上海桑塔纳轿车半轴外万向节所采用的就是 RF 型球笼万向节的结构。

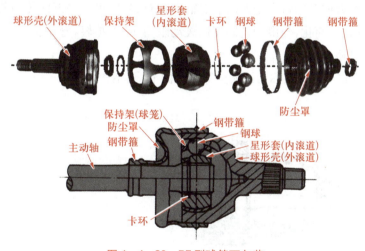

图 1-4-20　RF 型球笼万向节

RF 型球笼万向节的工作原理如图 1-4-21 所示，当中段半轴（主动轴）和外球座轴（从动轴）之间夹角 α 发生变化时，传力钢球中心始终位于两轴交角的平分面上，并且到两轴线的距离相等，从而保证了主、从动轴以相等的角速度旋转。

RF 型球笼万向节特点：正反转六个钢球全部参加工作，因而磨损小，寿命长，承载能力强。最大夹角 42～47°，灵活性好。广泛用于转向驱动桥上。

b. 球笼式双补偿万向节又称球笼式万向节滑动式。工作原理如图 1-4-22 所示，外球座 4 为圆筒形，内、外滚道是与轴线平行的直线凹槽（即圆筒形）。在传递转矩过程中，内球座 2 与外球座 4 可以相对轴向移动。球笼 3 的内外球面在轴线方向是偏心的，内球面中心 B 与外

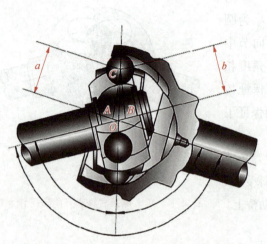

图 1-4-21　RF 型球笼万向节工作原理

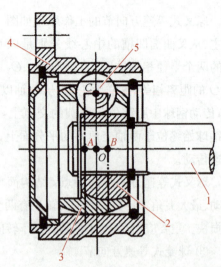

1—主动轴；2—内球座；3—球笼；4—外球座；5—钢球。

图 1-4-22　球笼式双补偿万向节工作原理

球面中心 A 分别位于万向节中心 O 的两边，且 $OA=OB$。同样，钢球中心 C 到 A、B 的距离相等，以保证万向节做等角速传动。

球笼式双补偿万向节的特点是万向节能轴向相对移动，可省去万向传动装置中的滑动花键等伸缩机构，使结构简化，与滑动花键相比滚动阻力小，磨损轻，寿命长（六个钢球都受力）。适用于断开式驱动桥上。

c. VL 型球笼式万向节又称为伸缩型等速万向节，其结构如图 1-4-23 所示。工作原理

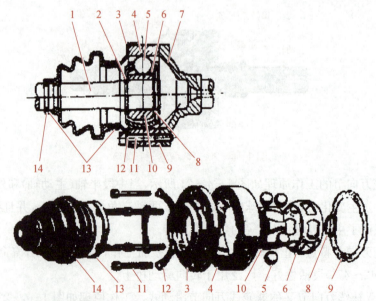

1—中半轴；2—挡圈；3—外罩；4—外球座；5—钢球；6—球笼；7—内半轴；8—卡环；
9—密封垫；10—内球座；11—圆头内六角螺栓；12—锁片；13—箍带；14—防尘罩。

图 1-4-23　VL 型球笼式万向节结构

是内、外滚道为圆筒形,且内、外滚道不与轴线平行,而是以相同的角度相对于轴线倾斜着。同一零件上相邻的两条滚道的倾斜方向相反,形成"V"形。装合后,同一周向位置内、外滚道的倾斜方向刚好相反,即对称交叉,而钢球则处于内外滚道的交叉部位。当内半轴与中半轴以任意夹角相交时,所有传动钢球都位于轴间交角的平分面上,从而实现等角速传动。

VL 型球笼式万向节特点:在动力传递过程中,内、外球座可以沿轴向相对移动(伸缩量45 mm)。省去了万向传动装置中的滑动花键。最大夹角 15～21°,寿命长,强度高(六个钢球都受力)。主要使用于断开式驱动桥上。

④ 三叉式等速万向节

三叉式等速万向节(也称三角式万向节)。它主要由三销总成和万向节套组成如图 1-4-24所示。三销总成的花键孔与传动轴内花键配合,三个销轴上均装有轴承,以减小磨损。万向节套的凸缘用螺栓连接,为防止润滑脂外露,万向节由防护罩封护,并用卡箍紧固。三叉式等速万向节结构简单,磨损小,并且可以轴向伸缩,在轿车中的应用也逐渐增多。

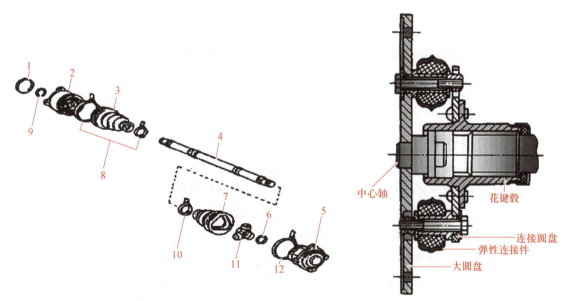

1—端盖;2—外万向节;3—外万向节防护罩;4—传动轴;5—内万向节套;
6、9—卡环;7—内万向节防护罩;8、10、12—卡箍;11—叉销总成。

图 1-4-24　三叉式等速万向节

图 1-4-25　挠性万向节

(4) 挠性万向节

挠性万向节它依靠其弹性件的弹性变形来保证在相交两轴间传动时不发生机械干涉。

弹性件采用橡胶盘、橡胶金属套筒、六角形橡胶圈等结构如图 1-4-25 所示。因弹性件的弹性变形有限,故柔性万向节适用于两轴间夹角不大(3°～5°)和微量轴向位移的万向传动装置。有的汽车发动机与变速器之间、变速器与分动器之间装有柔性万向节,以消除制造安装误差和车架变形对传动的影响。

二、万向节故障类型

球笼万向节的故障原因主要有磨损和部分失效。球笼万向节的损伤形式包括刻痕、凹痕、磕碰和表面粗糙。

有的故障原因可能是因为防尘套破裂，导致球笼漏油而引起的球笼温度过高，最终的结果是导致悬挂系统发出"嘀嗒"的声音。如果能及时发现问题，就能通过清洗万向节、更换防尘套和重新注入润滑脂来排除故障。

在球笼万向节中有一个重要却又最易出现问题的部件，它就是防尘套。防尘套对球笼万向节起保护作用，保证其内部结构免受外部恶劣环境的污染。因此，防尘套必须有较好的耐高温性、耐腐蚀性，同时也得承受来自传动轴与车轮不断相对运动所产生的扭转和弯曲。一旦防尘套在使用过程中出现磨损、破裂或者安装不当，万向节可能由于杂质侵入等原因导致失效，防尘套破裂是造成万向节故障的最常见原因。防尘套引发故障的主要原因如下：

① 外来物件损害了主体。

② 材料老化。

③ 在分体式防尘套中，黏合剂黏合不当引起防尘套与万向节配合过松。

④ 卡箍松动或脱落。

⑤ 安装不当。

三、万向节的检查

通过将星形套斜到另外一边的方法可以拆卸球笼万向节。用销子或类似的工具插入内轴的花键内，倾斜内圈到另外一边，即可拆卸万向节。这一操作将使一个金属球暴露在外，可用小螺丝刀将金属球从球笼中撬出；然后将内圈倾斜到另外一边，以便于移出下一个金属球，如此反复操作，直到所有的金属球都能移出球笼。

检查金属球是否被损坏或磨损，并检查内、外滚道的轨迹。每个金属球都应该能紧贴于球笼（受损的球笼万向节，当金属球安装较松动时，常常发出"咔哒"声或"砰砰"声）。球笼万向节组装非常精密，要保持各球的相对顺序，以便于它们能在同一位置重新组合。每个金属球对轨道的磨损程度不同，所以一旦金属球混合在一起会改变配合公差，无序的安装会导致意外的磨损和噪声。

四、万向节的更换

万向节的更换主要是更换护套，在操作中应注意保证各部件之间配合的准确性，避免因安装不当造成故障。

（一）拆卸万向节

1. 拆卸半轴

按前述内容拆卸半轴。

视频

内外万向节
的装复

2. 拆卸护套箍

护套箍分为单触夹型、爪啮合型、欧米伽夹型三种,需用不同类型的专用工具进行拆卸。

（1）单触夹型护套箍的拆卸

用螺丝刀打开单触夹型护套箍,展开夹子,然后将其取下,如图 1-4-26 所示。

 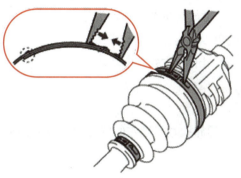

图 1-4-26 单触夹型护套箍的拆卸　　　　图 1-4-27 爪啮合型护套箍的拆卸

（2）爪啮合型护套箍的拆卸

① 用尖嘴钳夹紧由爪啮合型护套箍固定的零件,如图 1-4-27 所示。

② 展开爪啮合型护套箍并将其取下。

（3）欧米伽夹型护套箍的拆卸

用尖嘴钳夹紧并撬起欧米伽夹型护套箍,然后将其取下,如图 1-4-28 所示。

3. 拆卸驱动轴护套

① 将半轴总成用台钳固定在铝板之间。

② 将内侧护套滑动到外侧球节侧。

图 1-4-28 欧米伽夹型护套箍的拆卸

③ 对齐内侧球节、三脚头球节和外侧节轴,并在其上做好配合记号,以便部件能够按原始位置进行安装。

④ 用卡环钳拆卸卡环。

⑤ 将黄铜棒放在除了三脚头球节滚柱外的任何地方,然后用锤子敲击黄铜棒,以拆下三脚头球节。

⑥ 拆卸外侧和内侧护套。

（二）更换与装配万向节

1. 装配半轴总成外侧球节护套

① 将外侧球节上的润滑脂全部擦掉。

② 在轴花键上缠好保护带,避免花键磨损。

③ 放入新的外侧球节护套。

④ 将和外侧球节护套总成一起配备的所有外侧球节尽可能地靠近球节的位置。

⑤ 将外侧球节护套和安装表面对齐后进行安装。

2. 装配半轴总成内侧球节护套

① 将拆卸过程中做好的配合记号对齐,然后使三脚头球节啮合并安装在花键上。

② 用黄铜棒敲击三脚头球节,以插入三脚头球节。此时应注意使黄铜棒要避开滚柱位置,避免因敲击滚柱造成变形。

③ 用卡环钳装入卡环。

故 障 排 除

经拆卸检查发现左侧的万向节球笼磨损严重,更换万向节后,故障排除。

Item 5
项目5 | # 驱动桥检修

知识目标

1. 掌握驱动桥的作用。
2. 掌握驱动桥的结构。

能力目标

1. 能够正确检查驱动桥。
2. 能够诊断并修复驱动桥常见故障。

任务 1　驱动桥齿轮油的检查和更换

故障案例

　　一辆金杯面包车的车主反映,该车是其刚买不久的二手车,使用中发现该车后部有异响。

案例分析

　　经询问得知,车主对于车辆的使用状况不很了解,所以维修人员对该车进行了路试,发现行驶过程中车辆后部有异响,并且随车速的升高异响加重,加油和收油时异响都存在,且加油时的异响超过收油时的异响。

　　针对该故障现象,需对该车的传动部分进行仔细检查。在检查主减速器外壳时,发现该车主减速器外壳很热,温度可达 235 ℃。在检查该车的驱动桥齿轮油时,发现齿轮油已经非常黏稠,且缺失严重,需对其进行补充和更换。

知识链接

一、驱动桥齿轮油的选用

（一）驱动桥齿轮油的性能要求

由于驱动桥齿轮油在工作过程中需承担减轻摩擦、传导热量等工作，所以其性能有如下要求：

① 良好的低温流动性，以保证低温条件下的润滑要求。

② 适宜的黏度，保证足够的油膜厚度，为摩擦副提供有效润滑。

③ 良好的极压抗磨性、减摩性，使其有好的承载能力和抗磨损能力。

④ 良好的耐腐蚀性、防锈性，防止齿轮、轴承等金属零件表面产生腐蚀和锈蚀。

⑤ 与密封材料有良好的相容性，防止密封材料的老化、失效。

⑥ 良好的热氧化安定性，以延长其使用寿命。

⑦ 良好的剪切安定性、抗泡性，以使驱动桥得到有效的润滑。

视频

驱动桥认知

（二）驱动桥齿轮油的选用原则

驱动桥齿轮油的选用应该根据驱动桥齿轮系统的结构、材料、负荷和使用环境等多方面的因素进行综合考虑。正确地选用驱动桥齿轮油，对保证驱动桥正常工作、延长使用寿命具有重要的作用。选用驱动桥齿轮油时，首先根据使用部位选择适宜的质量等级，再根据车辆使用地区的气温选择合适的牌号，不同黏度牌号对应不同的使用温度。例如，对于使用螺旋伞齿轮的汽车后桥，齿面负荷小，使用范围在我国黄河以南地区，环境温度较高，可选用 85W/90 GL-4 中负荷车辆齿轮油；而对于采用准双曲线齿轮的汽车后桥，使用范围在我国东北地区，最好选用 80W/90 或 75W/90 GL-5 车辆齿轮油。

用于驱动桥润滑的齿轮油包括 GL-4 中负荷车辆齿轮油、GL-5 重负荷车辆齿轮油、GL-5＋长寿命超重负荷车辆齿轮油。一般根据驱动桥技术，按照表 1-5-1 进行驱动桥齿轮油的选用。

表 1-5-1　驱动桥齿轮油的选用原则

驱动桥技术	推荐油品	换油里程/km
高轴偏置双曲线齿轮后桥传动	GL-5＋长寿命超重负荷车辆齿轮油	60 000～80 000
主减速器是双曲线齿轮，且齿面负荷在 2 000 MPa 以上，滑移速度超过 10 m/s，油温高达 120 ℃以上	GL-5 重负荷车辆齿轮油	25 000～50 000
主减速器是双曲线齿轮，但负荷不超过 2 000 MPa，齿面滑移速度为 1.5～8.0 m/s；驱动桥为单准双曲线齿轮、重负荷螺旋伞齿轮及缓和的双曲线齿轮	GL-4 中负荷车辆齿轮油	25 000～50 000

二、驱动桥齿轮油的更换

更换驱动桥齿轮油的步骤如下：

① 将车辆停放在较平的地方。

② 关闭发动机并等待 5 min 左右。

③ 在热机状态下将驱动桥中的齿轮油排放干净。

④ 擦净油位检查孔边缘及螺塞上的油污,旋下油位检查螺塞并察看油面的高度,应与油孔下边缘对齐。

⑤ 如果齿轮油不足,应补充同一厂家相同级别的齿轮油,直至加到油液从检查孔溢出为止,然后旋紧螺塞。若需加注新的驱动桥齿轮油,在加油前应尽量对驱动桥进行清洗,以免残油影响新油的性能。

故障排除

根据该车的故障现象,维修人员更换了标准的驱动桥齿轮油,并且按规定加注到标准数值,故障得以排除。

任务 2　差速器的拆装与检查

故障案例

一辆桑塔纳 2000 型轿车,在直线行驶时一切正常,但转弯时驱动桥有异响。

案例分析

该车直行正常,拐弯有异响,为比较典型的差速器故障,应对差速器进行检修。

知识链接

一、差速器的作用与结构

(一) 差速器的作用

汽车转弯时,内侧车轮和外侧车轮的转弯半径不同,外侧车轮的转弯半径要大于内侧车轮的转弯半径,这就要求在转弯时外侧车轮的转速要高于内侧车轮的转速,差速器的作用就是满足汽车转弯时两侧车轮转速不同的要求。

(二) 差速器的结构

差速器由从动齿轮、差速器壳、行星齿轮轴、行星齿轮、半轴齿轮等组成，如图 1-5-1 所示。

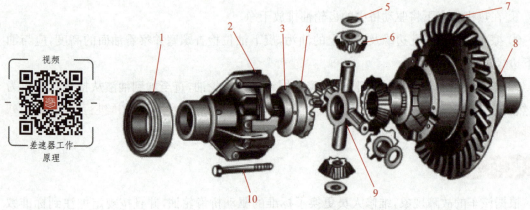

视频

差速器工作原理

1—轴承；2、8—差速器壳；3、5—调整垫片；4—半轴齿轮；6—行星齿轮；
7—从动齿轮；9—行星齿轮轴；10—螺栓。

图 1-5-1 差速器的结构

(三) 差速器的工作原理

行星齿轮的自转：差速器工作时，行星齿轮绕行星齿轮轴的旋转称为行星齿轮的自转。

行星齿轮的公转：差速器工作时，行星齿轮绕半轴轴线的旋转称为行星齿轮的公转。

1. 汽车直线行驶时，主减速器的从动锥齿轮驱动差速器壳旋转，差速器壳驱动行星齿轮轴旋转，行星齿轮轴驱动行星齿轮公转，半轴齿轮在行星齿轮的夹持下同速同向旋转，此时，行星齿轮只公转，不自转，左右车轮和转速等于从动锥齿轮的转速。

2. 汽车转弯时，行星齿轮在公转的同时，产生了自转，即绕行星齿轮轴的旋转，造成一侧半轴齿轮转速的增加，而加一侧半轴齿轮转速的降低，两侧车轮以不同的转速旋转。此时，一侧车轮增加的转速等于另一侧车轮减少的转速。此时行星齿轮既公转，又自转。

3. 当将两个驱动轮支起后，车轮离地，如果我们转一侧的车轮，另一侧车轮反方向同速旋转，这时，差速器内的行星齿轮只自转，不公转，两侧半轴齿轮以相反的方向旋转，从而带动两侧车轮反方向同速旋转。

二、差速器的拆装与检查

(一) 拆卸差速器

1. 外观检查

先检查差速器两端的轴承有无损坏，如无损坏则不必拆下轴承；如有损坏，应与内、外轴承座圈一起更换。

2. 拆卸紧固螺栓

拆下紧固差速器壳与从动圆柱齿轮槽形螺母的开口销,并拧下螺母,取出螺栓。

3. 拆开差速器外壳

将左、右差速器外壳与从动圆柱齿轮外缘的相对位置做好标记,然后再用铜锤轻轻敲击从动圆柱齿轮外缘,以拆开差速器外壳。

4. 拆卸从动锥齿轮

拆下从动锥齿轮,拆下行星齿轮轴的止动销。

5. 拆卸行星齿轮

取下行星齿轮轴,再取下行星齿轮和半轴齿轮。

(二) 差速器的组装与调整

1. 安装轴承内圈

用压力机将轴承内圈压入左、右差速器壳的轴颈上。

2. 组装左差速器壳

把左差速器壳放在工作台上,在与行星齿轮、半轴齿轮相配合的工作表面涂上机油,将半轴齿轮支承垫圈连同半轴齿轮一起装入,将已装好的行星齿轮垫圈的十字轴总成装入左差速器壳的十字槽中,并使行星齿轮与半轴齿轮啮合。

3. 组装右差速器壳

在行星齿轮上装上右边的半轴齿轮、支承垫圈,将从动圆柱齿轮、右差速器壳合到左差速器壳上,注意对准壳体上的标记,从右向左插入螺栓,并以规定力矩拧紧螺母。

4. 检查半轴齿轮与支承垫片之间的间隙

检查半轴齿轮与支承垫片之间的间隙,此间隙应不大于 0.5 mm,如不符合要求,则应更换新的支承垫片。

5. 调整预紧度

将调整好的差速器总成装入主减速器壳中,装上两端的轴承外圈、轴承盖及调整螺母,通过调整螺母调整轴的预紧度,同时使两圆柱齿轮全长啮合。

故障排除

经检查发现,该车故障主要是由于差速器半轴齿轮与支承垫片间隙过大而导致的,更换新的支承垫片后,故障排除。

任务 3 差速器油封的更换

故障案例

一辆帕萨特轿车,在进行维护时发现该车变速箱内的齿轮油缺失。进一步检查发现,该车右侧的差速器油封漏油,同时左侧的差速器油封也出现了轻微的渗漏。

案例分析

齿轮油承担着润滑、散热等功能,一旦出现漏油将导致油量不足,严重时将引发差速器内部零件的磨损,所以当差速器油封漏油时应及时更换。

知识链接

一、差速器油封的功能

差速器油封位于底盘下部,用来封闭分割驱动桥和轮边减速器两个部位。差速器油封漏油,会使驱动桥内的齿轮油油量减少,影响正常润滑,加剧零部件的磨损而导致早期损坏。此外,差速器油封漏油,若齿轮油流入轮边减速器内,将造成轮边减速器油位升高,冲坏油封;若流入制动鼓内,将导致制动不良,危及行车安全。

二、差速器油封漏油的原因

汽车差速器油封漏油的主要原因有以下几点:

① 驱动桥、减速器内加油过多,油面超过正常的高度。此时,应放出多余的油液,使油液液面保持在标准高度。

② 驱动桥、减速器的通气孔堵塞,行驶时油温升高,压力上升,油被挤出,造成油封损坏。

③ 油封变质老化,失去密封作用。此种情况应更换油封。

④ 油封安装不正或者油封质量有问题。如油封与座孔配合过松,汽车半轴油封质量不好,尺寸不符合要求。

⑤ 零部件有问题,影响油封的正确安装,使其产生漏油。例如,与油封接触的半轴轴颈磨损起槽、有麻点等,此种情况应修复或更换有关零件;又如,轮毂轴承松旷或差速器轴承松旷,使半轴上下抖动,影响油封的密封性,此种情况应进行检查调整。

三、差速器油封维护注意事项

① 每次换油,油液液面都应保持在标准高度。

② 每次一级维护,均应清洗减速器通气孔。

③ 使用合格的差速器油封,建议使用配套厂家生产的油封,并及时更换老化的油封。

④ 应正确安装油封,避免碰、刮。

⑤ 二级维护时,应检查轮毂轴承的松紧度,使之不松旷。

四、差速器油封的更换

差速器油封的更换可按以下步骤进行:

① 卸下轮胎。

② 卸下半轴前段螺母。

③ 卸下半轴后端螺栓。

④ 卸下三角臂与骨架外伸梁相连的螺栓和螺母。

⑤ 使用撬棍撬下三角臂,使三角臂球头与骨架外伸梁分离。

⑥ 取下半轴。

⑦ 卸下固定连接盘中部的螺栓,并取下与半轴相连的变速箱上的连接盘。

⑧ 使差速器油封露出,并使用一字形螺丝刀撬下,此时变速箱开始断续漏油。

⑨ 使用专用工具安装好油封,并在油封与变速箱的接触部位涂抹密封胶。

⑩ 安装连接盘,并按规定力矩拧紧固定连接盘与变速箱的螺栓。

⑪ 将半轴前段先穿入骨架外伸梁,拧紧固定半轴后端的螺栓。

⑫ 将三角臂球头装入骨架外伸梁,按规定力矩拧紧连接螺母。

⑬ 按规定力矩拧紧半轴前段螺母。

⑭ 装复轮胎。

故 障 排 除

更换差速器油封后,渗油现象消失,故障排除。

Item 6
项目6 | 车架与车桥检修

知识目标

1. 掌握汽车四轮定位的概念。
2. 掌握四轮定位仪的检测原理及方法。

能力目标

1. 能够正确调整车轮的定位。
2. 能够使用四轮定位仪检测车轮定位。

任务 1 车轮定位的调整

故障案例

一辆桑塔纳 2000 型轿车的车主反映,最近该车出现跑偏现象。维修人员经路试发现,车辆不仅跑偏,还伴有"吃胎"现象。通过对轮胎气压进行检查和调整,跑偏现象仍然存在,经过进一步了解得知,该车曾经在外面的小汽修厂更换过转向拉杆球头。

案例分析

根据故障现象和车主的描述,初步判断该车可能是前束出现问题,应对车轮重新进行定位调整。

知识链接

一、汽车四轮定位的概念

(一) 汽车四轮定位的定义

汽车的转向车轮、转向节和前轴三者之间的安装具有一定的相对位置，这种具有一定相对位置的安装叫作转向车轮定位，也称前轮定位。前轮定位包括主销后倾(角)、主销内倾(角)、前轮外倾(角)和前轮前束(角)。前轮定位是对两个转向前轮而言的，对两个后轮来说也同样存在与后轴之间安装的相对位置，称后轮定位。后轮定位包括车轮外倾(角)和逐个后轮前束。前轮定位和后轮定位合起来称为四轮定位。

视频

四轮定位的原理

(二) 前轮定位

1. 主销后倾角

在汽车纵向垂直平面内主销轴线与通过前轮中心垂线的夹角称为主销后倾角，如图 1-6-1 所示。向垂线后面倾斜的角度称为正后倾角，向垂线前面倾斜的角度称为负后倾角。主销后倾角的作用是保证汽车直线行驶的稳定性及帮助转向轮自动回正。

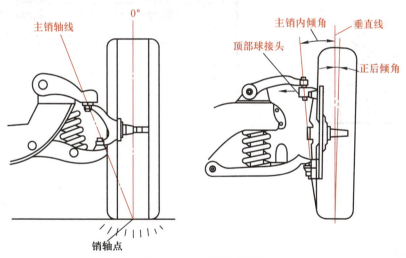

图 1-6-1　主销后倾角

2. 主销内倾角

在汽车横向平面内主销轴线与铅垂线的夹角称为主销内倾角，如图 1-6-2 所示。主销内倾角的作用是帮助转向轮自动回正，使转向轻便。

3. 前轮外倾角

从汽车的前方看，轮胎的中心线与地面的铅垂线的夹角称为外倾角，如图 1-6-3 所示。

图 1-6-2 主销内倾角

轮胎的上缘偏向内侧(靠近发动机)或偏向外侧(偏离发动机)。

当轮胎的中心线与铅垂线重合时,称为零外倾角,其作用是防止轮胎不均匀磨损。当轮胎中心线在铅垂线外侧时,称为正外倾角,其作用主要是降低作用于转向节上的负载,防止车轮滑落及由于负荷而产生不需要的外倾角,减小转向操纵力。当轮胎中心线在铅垂线内侧时,称为负外倾角,其作用是使内、外侧滚动半径近似相等,使轮胎的内、外侧磨损均匀,还可以提高车身的横向稳定性。

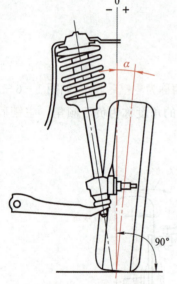

图 1-6-3 前轮外倾角

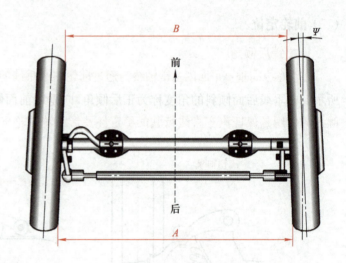

图 1-6-4 前轮前束角

4. 前轮前束角

从汽车正上方向下看,轮胎的中心线与汽车的纵向线之间的夹角称为前束角,如图 1-6-4 所示。前束角的作用是消除由于外倾角所产生的轮胎侧滑。

(三) 后轮定位

设置后轮定位可削弱后轴偏向、偏迹的问题,在正常行驶和转向时保持正确的后轮外倾角和后轮前束是非常重要的。当出现轮胎畸形磨损,特别是出现后轮胎冠偏磨损(后轮外倾角不对),后轮胎肩处出现锯齿形磨损(后轮前束严重超差),以及后轮悬架发生早期磨损时,都应进行四轮定位。

设置后轮前束最主要的目的是为了使后轮推力线和几何中心重合,设置后轮外倾角最主要的目的是为了改善转向的稳定性。

(四) 四轮定位基准线的选取

四轮定位是以后轮推力线作为车轮定位基准线的,后轮推力线是后轮总前束的中心线,该基准线由后轮定位角决定。进行四轮定位时,应先检测和调整后轮定位。如果后轮定位角不对,而后轮定位在设计上又是可以调整的,则需要更换那些已变形的零部件,即负责车轮定位的悬架上的零部件。在后轮定位调整完成后,后轮推力线和几何中心线重合,再以该参考线为基准,对每一个前轮进行测量调整,可以保证四个车轮在直线上行驶时处于平行状态,转向系统处于几何中心,满足车辆设计时的动力学条件,达到车辆设计时的性能要求。

二、四轮定位调整

(一) 四轮定位调整前的检查

1. 车轮检查

车轮检查包括轮胎的磨损是否均匀,轮胎的尺寸或类型配合是否恰当,轮胎的气压是否符合要求等。发动机前置前轮驱动轿车的子午线轮胎,在空载时四轮胎压较低,常低于 250 kPa,满载时前轮胎压一般为 250 kPa,后轮的胎压稍高,一般为 300 kPa 左右,具体数值应以具体车型的说明书为准。如果是行驶跑偏问题,可以先将左、右两前轮进行对调,然后试车。如果左、右前轮对调后的跑偏方向为对调前的相反方向,可以确定跑偏是由前轮引起的。如果左、右前轮对调后的跑偏方向不变,可以确定跑偏不是由车轮引起的,必须进行四轮定位调整,以进一步找出原因。

2. 四轮悬架高度测量

汽车每个车轮所承担的质量是不相同的,一般发动机前置且横放的轿车,前轮轴所承担的质量略高于后轮,右侧车轮所承担的质量略高于左侧车轮,所以会使四轮悬架的高度略有差别。常以每个车轮上部翼子板下边缘到车轮中心点为测量对象,则前轮的悬架高度一般低于后轮,同一轴的左、右侧轮重应基本一致。

3. 车上负荷的检查

四轮定位参数常以空载、满箱燃油以及备胎、随车工具均处于合适位置的状态给出,所以进行四轮定位时的车上负载应该按照要求准确摆放。

4. 零部件状态的检查

四轮定位参数的改变往往是由零部件失效所致,所以进行四轮定位参数调整前,首先应该排除零部件失效的可能。

(二) 四轮定位的调整

四轮定位参数的调整有时不能一次调整到位。由于四轮定位原因产生的故障,往往要进行两三次的测量或调整才能完全排除。

现代四轮定位仪已经比较成熟,使用起来也比较方便,只要按照仪器的操作提示进行作业即可。四轮定位仪只是解决问题时借助的工具,不能过分依赖。由于四轮定位仪本身存在着测量误差,而且人工操作也会引起误差,所以还得以实际行驶情况作为最后的检验结果。

在进行四轮定位数据调整时,要按照先后轮、后前轮,先外倾、后前束的顺序进行。

1. 通过上控制臂调整

通过上控制臂调整四轮定位,可采用如下几种方法:

① 通过增减垫片调整主销后倾角和车轮外倾角,如图1-6-5所示。

② 通过移动上控制臂来调整前轮外倾角和主销后倾角,如图1-6-6所示。

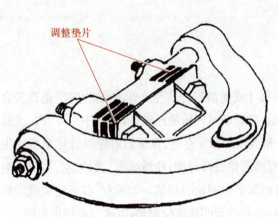
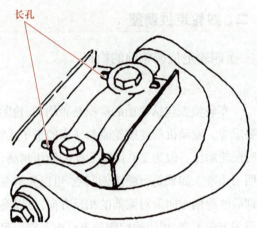

图1-6-5　通过增减垫片调整主销后　　　　图1-6-6　通过移动上控制臂来调整前
　　　　　倾角和车轮外倾角　　　　　　　　　　　　　轮外倾角和主销后倾角

③ 通过旋转偏心凸轮来调整车轮外倾角和主销后倾角,如图1-6-7所示。

④ 通过旋转上控制臂上的两个偏心凸轮来调整主销后倾角和车轮外倾角,如图1-6-8所示。

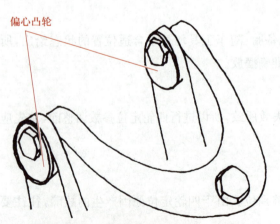
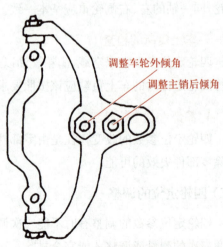

图1-6-7　通过旋转偏心凸轮来调整　　　　图1-6-8　通过旋转偏心凸轮来调整
　　　　　车轮外倾角和主销后倾角　　　　　　　　　主销后倾角和车轮外倾角

　　⑤ 通过旋转上控制臂上的两个偏心螺栓来调整车轮外倾角和主销后倾角,如图1-6-9所示。

2. 通过下控制臂调整

　　通过下控制臂调整四轮定位,可采用如下几种方法:

　　① 通过旋转下控制臂上的偏心凸轮来调整车轮外倾角,如图1-6-10所示。

　　② 调整主销后倾角时,松开环销并旋转即可;调整车轮外倾角时,旋转偏心螺栓即可,如图1-6-11所示。

　　③ 松开下控制臂安装螺栓,旋转偏心凸轮可调整前轮外倾角和前束角,如图1-6-12所示。

　　④ 松开下控制臂前端的球头安装螺栓,可以推进或拉出球头,从而调整前轮外倾角,如图1-6-13所示。

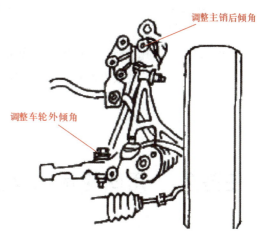

图1-6-9　通过旋转偏心螺栓来
调整车轮外倾角和主销后倾角

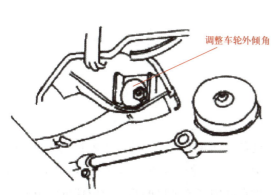

图1-6-10　通过旋转偏心凸轮
来调整车轮外倾角

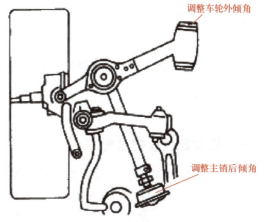

图1-6-11　调整主销后倾角和车轮外倾角

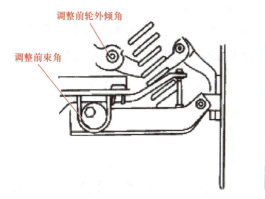

图1-6-12　调整前轮外倾角和前束角

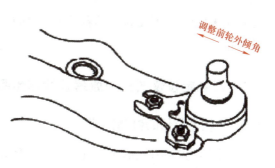

图1-6-13　调整前轮外倾角

故障排除

根据对车辆的检测和分析,发现该车前束存在问题,对该车的前束进行调整之后,方向跑偏现象消失,"吃胎"现象也没有了,故障排除。

任务2　用四轮定位仪检测车轮定位

故障案例

一辆帕萨特轿车,在行驶途中不慎驶入路旁的下水道中,造成该车右前轮轮胎破裂、右前下托臂等损坏。

案例分析

根据故障现象,需对该车辆进行轮胎更换和四轮定位。

知识链接

一、四轮定位仪的功能

四轮定位仪是专门用来测量车轮定位参数的设备。四轮定位仪可检测的项目包括前轮前束角、前轮外倾角、主销后倾角、主销内倾角、后轮前束角、后轮外倾角、车辆轮距、车辆轴距、转向20°时的前张角、推力角和左右轴距差等。目前常见的国产或进口的四轮定位仪可以用来测量上述检测项目中的几个或全部。

在这些检测项目中,前轮前束角、前轮外倾角、主销后倾角和主销内倾角统称为前轮定位,又称前轮定位四要素,各种前轮定位仪都能完成其检测任务。但汽车的操纵稳定性不仅由前轮定位来保证,后轮定位也起着至关重要的作用,所以最好同时使用四轮定位仪检测和调整后轮定位。

二、四轮定位仪的检测原理及检测步骤

（一）四轮定位仪的检测原理

检测车轮前束时,必须保证车体摆正且方向盘位于中间位置。为了保证车轮前束角的测量精度,无论是拉线式、光学式四轮定位仪,还是电脑式四轮定位仪,在检测车轮前束之前,常

通过拉线或光线照射或反射的方式形成一封闭的直角四边形,如图 1-6-14 所示。将待检车辆置于此四边形中,通过安装在车轮上的光学镜面或传感器不仅可以检测前轮前束、后轮前束,还可以检测左、右车轮的同轴度(即同一车轴上的左、右车轮的同轴度)及推力角。四轮定位仪所采用的传感器不同,其测量方法也有所不同。

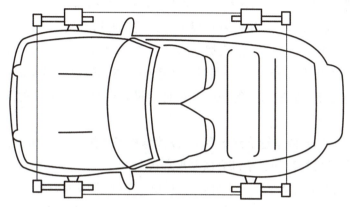

图 1-6-14　光线形成封闭的四边形

(二) 对被检车辆的基本要求

在检测车辆的前轮定位时,应先进行试车和必要的调整、维修,使被检测车辆满足以下要求:

① 前、后轮胎气压及胎面磨损基本一致。

② 前、后悬架系统的零部件完好、不松旷。

③ 转向系统调整适当,不松旷。

④ 前、后减振器性能良好,不漏油。

⑤ 汽车的前、后高度与标准值的差不大于 5 mm。

⑥ 制动系统正常。

(三) 检测步骤

1. 检测前的准备工作

① 把汽车开到举升平台上,托起四个车轮,把汽车举升 0.5 m(第一次举升)。

② 托起车身适当部位,把汽车举升至车轮能够自由转动的高度(第二次举升)。

③ 拆下各车轮,检查轮胎磨损情况。

④ 检查轮胎气压,不符合标准时应充气或放气。

⑤ 进行车轮动平衡检查,完成后把车轮装好。

⑥ 检查车身四个角的高度和减振器的技术状况。如果车身不平应先调平,同时检查转向系统和悬架是否松旷,如松旷则应先紧固或更换零件。

视频

四轮定位的检测

2. 具体的检测步骤

① 把传感器支架安装在轮辋上,再把传感器(定位校正头)安装到支架上,并按使用说明书的规定打开电源或调整。

② 开机进入测试程序,选择被检测汽车的车型和生产年份等基本资料和参数。按"回车"或"下一步"按键后,计算机将显示该车型的四轮定位标准数据。

③ 将车辆举起使车轮悬空,按计算机提示进行轮辋变形补偿。方向盘位于直行位置,先按黄色(或 F3)键选择要补偿的车轮,根据界面提示将车轮向前转动 90°;再按黄色(或 F3)键,根据界面提示将该车轮向前转动 180°;最后按黄色(或 F3)键,根据界面提示将该车轮向前转动 90°即可把轮辋变形误差输入计算机。几秒钟后屏幕会显示测量出的前束角及外倾角补偿值。

④ 降下二次举升器,使车轮落到平台上,按计算机提示把汽车前部和后部向下压动 4 次或 5 次,使其作压力弹跳,以便悬架部分恢复正常状态。

⑤ 按照计算机提示用刹车锁压下制动踏板,使汽车处于制动状态。

⑥ 将两前轮转至直行状态,按计算机提示把方向盘转至使计算机显示屏上的车轮图标(蓝色框)位于正确的绿色区域内,计算机会自动进入下一步,即传感器自动找水平。若四个传感器都不水平,应转动传感器使它们处于水平状态。当看不清屏幕时,可按黑色(或 F0)键,传感器会发出蜂鸣声。快速蜂鸣声表示传感器太低,慢速蜂鸣声表示传感器太高。四个传感器都调好后会自动转入下一项检测。

⑦ 四轮定位仪自动检测前束角及外倾角并显示检测出的数值,然后自动进入下一步,即检测后倾角及内倾角。

⑧ 按提示分别向左、右转动方向盘,转到位后按提示停止等待几秒钟,最后按提示将方向盘转到中位停止几秒钟,屏幕显示测得的定位角和标准值。其中,绿色数据显示符合标准的定位角,否则显示为红色。按照界面中软键的提示,按红色(或 F1)键是退回重新测量角度,按蓝色(或 F2)键是重新选择标准参数,按黄色(或 F3)键是显示其他测量角度,按绿色(或 F4)键是调整后轮角度。

⑨ 按照提示分别调整后轮外倾角、前束角和推力角。调整时按照指针指示调整,使蓝色框移到中部,即表示所调角度合乎标准,若在红色区域则表示严重超标。按黄色(或 F3)键,可在图形显示与数字显示之间转换。调好后轮定位角后,按绿色(或 F4)键进入下一步,即调整前轮前束角。

⑩ 调整前轮前束角时,四轮定位仪会再自动进行一次两前轮至直行状态的检测和调整(按前述方法根据计算机屏幕提示进行即可),以免调整后轮引起前轮变化。调整后锁止方向盘。

⑪ 进行前轮定位调整,屏幕显示和调整方法与前述后轮定位类似,调整的顺序一般是后倾角、外倾角、前束角。在此阶段,按红色(或 F1)键,可顶起车身进行调整。

⑫ 按提示一步步调整完成后,按红色(或 F4)键完成调整。这时,屏幕显示测量数据和调

整后测量数据的比较,绿色表示合格定位角,红色表示不合格定位角。按黄色(或 F3)键,打印及储存检测和调整结果。

⑬ 拆下传感器和支架,进行路试,检查四轮定位检测、调整结果。若调整后仍不能解决问题,则应更换有关零部件,然后进行第二次检测和调整。

在试车前通过四轮定位仪给车轮重新定位,经路试,该车故障排除。

Item 7
项目7 | 车轮与轮胎检修

知识目标

1. 掌握车轮和轮胎的结构。
2. 掌握轮胎故障类型及检查方法。
3. 掌握轮胎动平衡试验的概念及流程。

能力目标

1. 能够拆装轮胎。
2. 能够检修轮胎的常见故障。

任务 1   车轮的拆装

故障案例

　　一辆汽车在行驶过程中轮胎被扎,车主用尽了随车工具,还是不能顺利地更换轮胎,于是致电要求援助。

案例分析

　　由于客户不熟悉车轮的拆装流程,因而不能准确地拆装车轮。

知识链接

一、车轮总成概述

1.车轮总成的组成

车轮总成包括车轮和轮胎如图 1-7-1 所示。

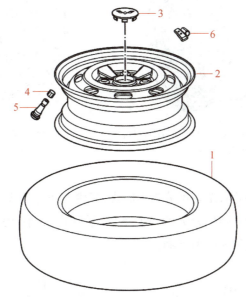

1—轮胎;2—车轮;3—装饰盖;4—气门嘴盖;5—气门嘴;6—平衡块。

图 1-7-1　车轮总成

2.车轮总成的功用

（1）支承整车质量。

（2）缓和由路面传递来的冲击载荷。

（3）通过轮胎和路面之间的附着作用为汽车提供驱动力和制动力。

（4）产生平衡汽车转向离心力的侧向力,以便顺利转向,并通过轮胎产生的自动回正力矩,使车轮具有保持直线行驶的能力。

二、车轮的组成与功用

1.车轮的功用

安装轮胎,承受轮胎与车桥之间的各种载荷的作用。

2.车轮的组成

车轮由轮毂、轮辋、轮辐三部分组成,轮毂的作用是连接车轮和车轴;轮辋的作用是安装和固定轮胎;轮辐的作用是连接轮毂和轮辋。

3. 车轮的分类

（1）按照轮辐的结构形式不同，车轮可以分为辐板式(图 1-7-2a)和辐条式(图 1-7-2b)两种。

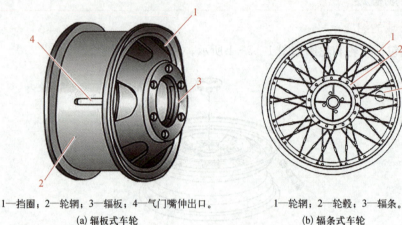

1—挡圈；2—轮辋；3—辐板；4—气门嘴伸出口。　　　　　　　1—轮辋；2—轮毂；3—辐条。

(a) 辐板式车轮　　　　　　　　　　　　　　　(b) 辐条式车轮

图 1-7-2　车轮的分类

（2）按照轮辋的结构不同，车轮可分为平底式、深槽式和对开式三种，如图 1-7-3 所示。深槽式轮辋：用于尺寸较小、弹性较大的小型车辆；平底式轮辋：用于尺寸较大、弹性较小的中型车辆；对开式轮辋：用于大中型车辆。

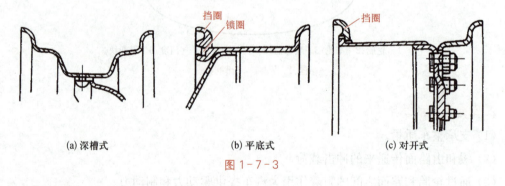

(a) 深槽式　　　　　　　　　(b) 平底式　　　　　　　　　(c) 对开式

图 1-7-3

三、轮胎的功用和类型

1. 轮胎的功用

（1）支承汽车的质量，承受路面传来的各种载荷的作用。

（2）和汽车悬架共同来缓和汽车行驶中所受到的冲击，并衰减由此而产生的振动，以保证汽车有良好的乘坐舒适性和行驶平顺性。

（3）保证车轮和路面有良好的附着性，以提高汽车的动力性、制动性和通过性。

2. 轮胎的类型

（1）按轮胎内空气压力的大小轮胎可以分为高压胎(0.5～0.7 MPa)、低压胎(0.2～0.5 MPa)和超低压胎(0.2 MPa 以下)三类。

(2) 按轮胎有无内胎可以分为有内胎轮胎(图 1-7-4)和无内胎轮胎(俗称真空胎,图 1-7-5)两种。

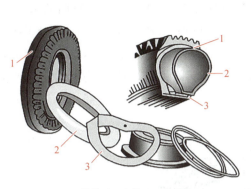

1—外胎;2—内胎;3—胎垫。

图 1-7-4　有内胎轮胎

1—橡胶密封层;2—自粘层;3—槽纹;4 轮辋;5—气门嘴。

图 1-7-5　无内胎轮胎

(3) 按胎体帘布层结构的不同可分为斜交轮胎(帘布层的帘线按一定角度交叉排列,帘线与轮胎横断面的交角通常为 50°)和子午线轮胎(帘布层帘线排列方向与轮胎横断面一致,)两种,如图 1-7-6 所示。

(a) 斜交轮胎　　　　　　　(b) 子午线轮胎

图 1-7-6

3. 轮胎规格的表示方法

(1) 斜交轮胎的规格表示方法(如图 1-7-7 所示):B—d,单位 in (英寸),例如 9.00—20 表示轮胎宽度为 9.00 英寸、轮胎内径为 20 英寸的斜交轮胎。

(2) 子午线轮胎的规格。以上海桑塔纳 2000GSi 轿车轮胎 195/60 R 14 85 H 为例,其中:

"195"表示轮胎宽度 195 mm[货车子午线轮胎的宽度一般用 in(英寸)为单位]。"60"表示扁平比为 60%(扁平比为轮胎高度 H 与宽度 B 之比,扁平比有 60、65、70、75、80 五个级别)。

"R"表示子午线轮胎,即"Radial"的第一个字母。

"14"表示轮胎内径 14 in(英寸)。

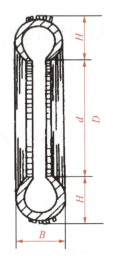

图 1-7-7　斜交轮胎的
规格表示方法

"85"表示荷重等级,即最大载荷质量。荷重等级为 85 的轮胎的最大载荷质量为 515 kg。

"H"表示速度等级,表示轮胎能行驶的最高车速。

速度等级:轮胎在规定条件承载规定负荷的最高速度。字母 A 至 Z 代表轮胎从 4.8 km/h 到 300 km/h 的认证速度等级。常用速度等级:Q:160 km/h;R:170 km/h;S:180 km/h; T:190 km/h;H:210 km/h;V:240 km/h;W:270 km/h;Y:300 km/h;Z:ZR 速度高于 240 km/h。 较常见轮胎速度标识为,S,T,H 如轮胎无速度标识,除非另有说明,一般认为最大安全速度为 120 km/h。

(3)轮胎侧面标记的含义如图 1-7-8 所示。

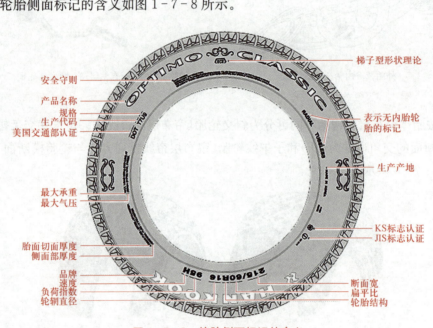

图 1-7-8 轮胎侧面标记的含义

四、车轮的拆卸

由于轮胎起着承载整个车身质量的作用,所以在更换轮胎的过程中应注意安全,应按标准操作流程进行拆卸,谨防受伤。

1. 安全停车

把车辆停放在接近水平及安全的地方,打开警示灯。

注意:如果在汽车行驶过程中轮胎爆胎,切记要保持镇定,双手要紧握方向盘,尽量将车子慢慢驶到安全的路旁停下。与此同时,驾驶自动挡汽车应将挡位置于 P 挡,驾驶手动挡汽车应将挡位置于 1 挡。

2. 取备胎

观察四周的交通情况,确保安全后方可从后备厢中取出手套、备胎及其他有关工具,准备更换轮胎。

3. 拆卸轮圈螺栓

确保车辆停放安全后,用专用工具拆卸车轮的轮圈螺栓。

注意:拆卸时应按照对角拆卸的形式扭松轮圈螺栓。

4. 抬起车身

把千斤顶置于汽车底盘支架下,慢慢抬起车身至轮胎只有少许贴着地面,再把备胎垫在车底,以防车身突然落下。

5. 拆卸车轮紧固螺栓

车身抬起后便可将剩余的紧固螺栓逐一松开,然后取下破损的轮胎。

五、车轮的安装

1. 安装备胎

用千斤顶把车身升高 10 cm 左右,确保有足够空间把充气正常的备胎放入;然后取下已爆破的轮胎并放在车底,把备胎装上。

2. 安装紧固螺栓

装上备胎后,首先确保紧固螺栓位置正确,然后以对角形式扭紧紧固螺栓。由于车轮仍悬在半空,所以紧固螺栓不能旋至最紧状态。

3. 拧紧紧固螺栓

把垫在车下的轮胎拿走,然后把千斤顶慢慢放下,当轮胎着地后便可再一次用对角形式逐一拧紧紧固螺栓。

完成备胎的更换之后,应收起千斤顶及爆破的轮胎,这样便完成了整个换胎程序。

注意:由于备胎不可当作正常轮胎长时间使用,所以更换备胎后应尽快将车辆驶到维修中心更换新轮胎。

故障排除

维修人员到达现场帮助客户更换了备胎,然后回到维修中心更换了新轮胎,故障排除。

任务 2　轮胎的检查

故障案例

一位客户反映,他的汽车在更换轮胎后驾驶感觉不如更换以前,但说不清楚具体的故障现象。

案例分析

由于故障是在更换轮胎以后出现的,所以应先对更换后的轮胎进行检测。

知识链接

一、轮胎老化严重

视频

轮胎的作用
及类型

当轮胎胎面及胎壁上的纹路普遍出现裂纹时,则表明轮胎已经老化严重,如图 1-7-9 所示。此时,应更换新轮胎。

图 1-7-9 轮胎老化严重

二、轮胎磨损严重

视频

轮胎的检查

在生产过程中,每个轮胎胎面凹槽处都设有一个磨损极限标志,这个标志厚度为 2 mm 左右(准确值为 1.6 mm),如图 1-7-10 所示。当轮胎厚度磨损至距离极限标志为两个极限标志高度时(也就是 3.2 mm),则表示轮胎磨损严重,应当频繁检查轮胎,有条件的建议更换轮胎。

—— 轮胎磨损极限标志

图 1-7-10 轮胎磨损极限标志

三、轮胎起包变形

轮胎出现起包变形(图 1-7-11)是一件很危险的事情,如果发现轮胎起包变形,最好第一时间去专业维修店进行检查处理,一般情况下建议更换轮胎。轮胎出现此类情况证明轮胎内

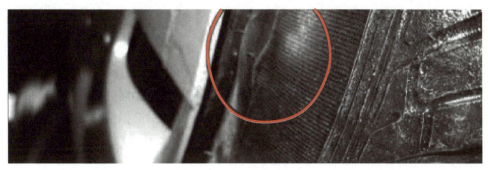

图 1 - 7 - 11　轮胎起包变形

部的金属线圈已经变形或断裂,如果继续行驶,则极有可能发生爆胎危险。

四、轮胎被扎

1. 胎面被扎

对于一般的胎面被扎,进行专业修补即可,但是如果同一轮胎修补的次数超过三次,则应尽量更换新轮胎。

2. 胎壁被扎

一般来说,胎壁被扎比胎面受伤更危险,不过也不是所有的侧面损伤都需要更换轮胎,每个轮胎的胎壁都有相关标志和型号,如果受损处位于标志下侧靠近轮毂边缘处,此时必须更换轮胎,因为此处的钢丝强度很弱,并且修补后在装胎过程中此处必然会受到挤压而变形,很难保证修补效果。如果标志处或靠外侧受损,则进行修补即可。

故障排除

经检查,该车辆的轮胎出现了起包变形,需更换新轮胎。更换新轮胎之后,故障排除。

任务 3　轮胎的更换

故障案例

有一辆桑塔纳轿车已经行驶了 50 000 km,在行驶过程中出现了爆胎现象。

案例分析

该故障是由于轮胎出现问题引起的,应进行轮胎的更换。

知识链接

一、轮胎的安装位置

日常用车过程中四个轮胎的磨损情况是有差异的，所以很少会同时更换四个轮胎，最常见的是同时更换一根轴上的两个轮胎，因为同一根轴上两个轮胎的磨损情况相差不大。

（一）用车环境的影响

在车辆行驶过程中，前轴和后轴上轮胎的受力情况并不相同，因此前轴和后轴引发的危险类型也不同，不同环境下产生的危害也不同。目前对于新轮胎的安装位置也存在一定争议。

1. 新轮胎安装在前轴上

目前主流的家用车辆大多采用前轮驱动结构，前轮负责驱动和转向，并且前轮承受了70％以上的刹车力，所以正常情况下前轮的磨损情况会比后轮严重，发生爆胎的概率也大一些。前轮一旦爆胎，车辆转向将受到影响，很容易失去控制并发生侧翻事故，所以大部分人选择将新轮胎安装在前轴上。

2. 新轮胎安装在后轴上

后胎主要的危险不是爆胎，而是车辆发生侧滑和甩尾。后轮失去抓地力是造成转向过度的主要原因之一，磨损较严重的旧轮胎显然更容易失去抓地力。正是基于这样的原因，有人建议将新轮胎安装在后轴上。

新轮胎的安装方式应该根据日常的驾驶习惯和路况来决定。如果车辆经常行驶在拥挤的城市道路，车速不快，显然甩尾的概率不大，而前轴爆胎引起的转向失控危险更大；而对于经常行驶在高速公路上的车辆，"前新后旧"引发甩尾的概率远远大于爆胎的概率。另外，对于后轮驱动的车辆，湿滑天气容易发生甩尾，最好还是将新轮胎安装在后轴上。

（二）隐患轮胎和备胎的安装位置

假如行车至偏远地区发现轮胎存在鼓包、破裂等爆胎隐患，但又不能及时更换时，最好将隐患轮胎暂时换至后轴上。这时只要降低车速，行车稳健，车辆发生甩尾的概率就会大大降低，即使爆胎也不至于出现失控的状况，不失为降低风险的一种做法。

如果有备胎则最好换上备胎，但是由于大部分车型所配备胎都非全尺寸轮胎，所以并不能代替正常轮胎长时间行驶。备胎也应该安装在后轴上，备胎的充气压力比正常轮胎要高，很多车辆配备的还是有胆备胎，装在前轴上会影响转向和制动。需要特别注意的是备胎不要和润滑油等油品放在一起，以免老化产生安全隐患。

二、新轮胎选用原则

若经检查，轮胎已出现不可修复的损伤，则应进行更换。新轮胎选用时应注意"八同"

原则。

1. 规格相同

不同规格的轮胎其充气后的外直径和断面宽都不同,装在同一车轴上则负荷分布不同。

2. 结构相同

因子午线轮胎和斜交轮胎的胎体结构不同,其缓冲性能、周向变形都不一样,若两种轮胎混装在同一轴上,承受的负荷必然不同,磨损也不一致。

3. 材质相同

材质主要指胎体帘线的材料。例如,全钢子午线轮胎和纤维子午线轮胎的胎体厚度、帘线强度、散热性能等都有较大的差异,混装在一起影响使用效果。

4. 层级相同

层级是轮胎的负荷级别,同时确定了相应的气压标准。负荷级别不同的轮胎混装在一起,充气压力不一致,轮胎的变形也不同。

5. 花纹相同

轮胎的花纹不同,不仅磨耗有差别,而且与地面的附着力也不一样。汽车左、右轮胎花纹不一致,会影响汽车行驶的平顺性,紧急刹车时会出现单边和甩尾现象。

6. 品牌相同

生产厂家不同,轮胎的轮毂尺寸、胎面宽度、花纹形状、帘线材料都有一定的差别,所以不同品牌的轮胎混装在一起会影响使用效果。

7. 胎压相同

胎压由轮胎层级而定,层级相同的轮胎应保持气压一致,胎压不一致会导致轮胎变形不同。

8. 负荷相同

装配同一种负荷能力的轮胎,使其负荷能力相同,可以延长轮胎的使用寿命。

三、轮胎的拆卸

车轮的拆装同本项目任务 1,此处不再赘述,下面介绍轮胎拆卸的一般流程。

① 拆卸轮胎前首先将气门嘴拆下(如果轮胎内有气压,注意用手保护气门嘴,防止其在气压的作用下飞出);用专用工具去除车轮上的平衡块;用毛刷蘸取润滑剂盒中事先放好的有效润滑剂,润滑胎缘,否则在压胎时分离铲会磨损胎缘。

② 将轮胎置于分离铲和橡胶垫之间,使分离铲边缘置于胎缘与轮辋之间,离轮辋边缘大约 1 cm 处(图 1 - 7 - 12a),然后脚踩分离铲脚踏板(图 1 - 7 - 12b),使胎缘与轮辋分离。在轮胎其他部分重复以上操作,使胎缘与轮辋彻底分离。

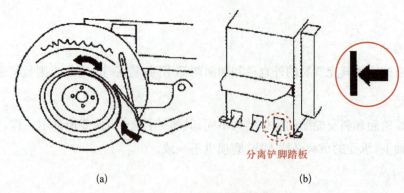

(a)　　　　　　　　　　　　(b)

图 1-7-12　胎缘与轮辋分离

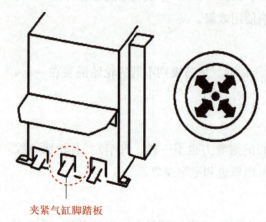

夹紧气缸脚踏板

图 1-7-13　轮辋的夹紧

③ 把胎缘与轮辋已分离的车轮放在转盘上（对于不对称的深槽轮辋,应将窄的轮辋朝上放置）,将夹紧气缸脚踏板踩到底,夹紧轮辋,如图 1-7-13 所示。

④ 拉回横摆臂,调整横摆臂 3(图 1-7-14a)和六方杆 4 的位置,使拆装头内侧贴紧轮辋外缘,然后转动旋扭手柄 1 将横摆臂顶住,再顺时针旋转六方杆锁紧手柄 2 将六方杆锁紧。此时拆装头内侧距离轮辋边缘的距离为 1~2 mm(图 1-7-14b),可避免划伤轮辋。

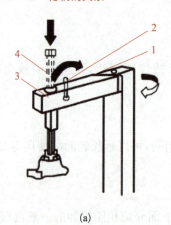

(a)　　　　　　　　　　　　(b)

1—旋扭手柄;2—手柄;3—横摆臂;4—六方杆。

图 1-7-14　横摆臂的调整

⑤ 用撬杠将胎缘撬在拆装头前端半球形突起以上(为了方便撬出将拆装头对面的轮胎上缘向下压,压到轮槽内后再使用专用撬杠将胎缘撬出)(图 1-7-15a),脚踩转盘转向脚踏板(图 1-7-15b),让转盘顺时针旋转,直到胎缘脱落为止。如果有内胎,为了避免损坏内胎,在进行此操作时,建议将轮胎气门嘴置于拆装机头前端约 10 cm 处(图 1-7-15c)。

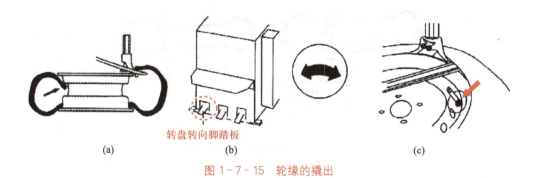

转盘转向脚踏板

(a)　　　　　　(b)　　　　　　　　(c)

图 1-7-15　轮缘的撬出

⑥ 上抬轮胎,然后使拆装头相对位置的下胎缘进入轮槽(图 1-7-16),再将下胎缘撬到拆装头球形突起之上。

图 1-7-16　下轮缘的撬出

四、轮胎的安装

(一) 装胎操作

① 夹紧轮辋(方法同轮胎的拆卸)。

② 在轮胎和轮辋上涂上有效的润滑剂(如浓肥皂水)。

③ 将轮胎倾斜放在轮辋上(图 1-7-17),左端向上,将横摆臂拉回,进入工作位置。

④ 检查拆装头与轮辋的配合情况,如不符合要求,应进行调整。

⑤ 调整轮胎与拆装头的相对位置,使轮胎内缘与拆装头交叉。在拆装头尾部,应使胎缘置于拆装头上,如图 1-7-18a 所示;在拆装头前端,应使胎缘置于拆装头球形突起之下,如图 1-7-18b 所示。

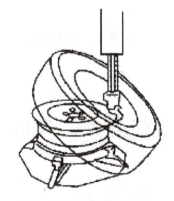

图 1-7-17　将轮胎倾斜
放在轮辋上

⑥ 压低胎肚,脚踩转盘转向脚踏板(图 1-7-15b),让转盘顺时针旋转,让下部胎缘完全落入轮辋槽内。

⑦ 为了安装上胎缘,应重新放好轮胎,并调整好胎缘位置(与安装下胎缘相同,用手压低胎肚),尽量使胎缘进入轮槽内。

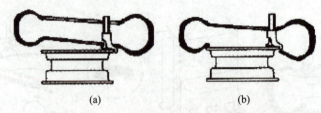

(a)　　　　　　　　　(b)

图 1-7-18　调整轮胎与拆装头的相对位置

⑧ 踩下转盘转向脚踏板(图 1-7-15b),此时手不要放开。

注意:当还有 10～15 cm 的轮胎未装入时,动作要放慢并注意观察轮胎的状态,以免撕伤轮胎。一旦感到轮胎有撕伤的迹象或电动机停止转动,请立即松掉脚踏,然后用脚面抬起转盘转向脚踏板(图 1-7-15b),使电动机反转,从而使轮胎恢复原状,以便再次进行安装。

提示:安装轮胎时,必须压低胎肚,尽量使胎缘进入轮槽内,否则轮胎容易损伤且安装困难。

(二) 充气操作

轮胎充气时非常危险,应小心谨慎并严格遵守操作规程。充气之前应检查气路连接是否完好。

① 将轮胎从转盘上松开。

② 将充气管接头与轮胎气门嘴相连。

③ 缓慢并多次压充气枪(以免充气压力过高),确定压力表显示的压力不超过轮胎生产厂家所注明的范围。

故障排除

经检查,该车辆轮胎出现了起包变形,更换新轮胎后,车况恢复正常,故障排除。

任务 4　车轮动平衡试验

故障案例

一辆桑塔纳 2000 型轿车的车主反映,该车在行驶至车速 90～100 km/h 时,车辆会出现轻微的抖动,高于或者低于这个速度,抖动现象都不明显。

案例分析

由于车辆的抖动仅出现在 90～100 km/h 的车速段,可排除传动系统机械部件损伤的故障原因,应考虑车轮的动平衡性能出现问题。

知 识 链 接

一、动平衡的概念

汽车的车轮是由轮胎、轮毂等组成的整体,由于制造上的原因,使这个整体各部分的质量分布不可能非常均匀。当汽车车轮高速旋转起来之后,就会形成动不平衡状态,造成车辆在行驶过程中出现车轮抖动、方向盘振动等现象。为了避免这种现象的发生或消除已经发生的此类现象,就要使车轮在动态情况下通过增加配重的方法校正各边缘部分的平衡。这个校正的过程就是人们常说的动平衡。

轮胎应当定期进行动平衡检查,动平衡检查使用的是动平衡检测仪。轮胎平衡分为动态平衡和静态平衡两种。动态不平衡会使车轮摇摆,令轮胎产生波浪形磨损;静态不平衡会使车辆产生颠簸和跳动现象,往往使轮胎产生平斑现象。因此,定期检测平衡不但能延长轮胎寿命,还能提高汽车行驶的稳定性,避免在车辆高速行驶时因轮胎摆动、跳动失去控制而造成交通事故。

二、动平衡试验流程

动平衡试验需要用到动平衡仪,一般按照以下步骤进行:

1. 安装动平衡仪
在车轮上装上动平衡仪,选择大小合适的固定器。

2. 测量动平衡仪到轮毂的距离
把动平衡仪上的尺子拉出来,测量动平衡仪到轮毂的距离,如图 1 - 7 - 19 所示,然后输入第一个控制器。

视频

车轮的固定
与胎压测量

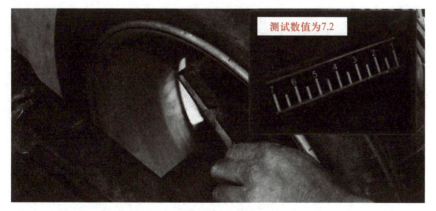

测试数值为7.2

视频

数据测量及
输入

图 1 - 7 - 19　测量动平衡仪到轮毂的距离

3. 测量轮辋宽度

取出弯尺，测量轮辋宽度，如图 1-7-20 所示，并输入第二个控制器。

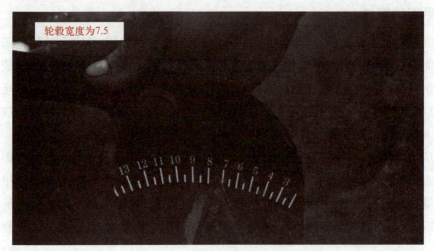

图 1-7-20　测量轮辋宽度

4. 开始检测

在控制器中输入轮辋直径，按下"STRAR"，开始检测。

5. 添加平衡块

当检测停止后，电脑会测量出轮辋内、外侧需要增加的平衡块质量，如图 1-7-21 所示，左侧显示的是轮毂内侧偏差，右侧显示的是轮毂外侧偏差。转动轮胎，在轮毂两边同时敲上与检测数值对应质量的平衡块（图 1-7-22）。但要注意的是，如果左右分别显示 10、15，就应同时在左、右分别敲上重 10 g 和 15 g 的两个平衡块，而不能只在右侧敲一块重 5 g 的平衡块，那样是达不到要求的。

视频

平衡块的
安装

图 1-7-21　检测结果

图 1-7-22　平衡块

对该车的前轮左、右轮胎进行了动平衡试验,并按规定加平衡块后,故障现象消失。

悬架检修

 知识目标

1. 掌握悬架的结构。
2. 掌握悬架各组成零部件的作用。

能力目标

1. 能够拆装前减振器。
2. 能够拆装后减振器。

任务 1 前减振器的更换

故障案例

一辆捷达轿车,最近在驶过坑洼不平路面时出现严重的摇晃现象,车的前部感觉明显,并且越来越严重。

案例分析

车辆出现摇晃现象一般是由于减振器出现问题所致,若前部感觉明显,则应考虑检修前减振器。

知识链接

一、悬架的结构及作用

典型的悬架结构由减振器、弹性元件以及导向机构等组成，个别结构还有缓冲块、横向稳定杆等。弹性元件又有钢板弹簧、空气弹簧、螺旋弹簧以及扭杆弹簧等形式，而现代轿车悬架多采用螺旋弹簧和扭杆弹簧，个别高级轿车则使用空气弹簧。悬架各组成零部件的作用如下：

1. 减振器的作用

减振器(图1-8-1)是产生阻尼力的主要元件，其作用是迅速衰减汽车的振动，改善汽车行驶的平顺性，增强车轮和地面的附着力。另外，减振器能够降低车身部分的动载荷，延长汽车的使用寿命。目前在汽车上广泛使用的减振器主要是筒式液力减振器，其结构可分为单筒式和双筒式两种。

2. 弹性元件的作用

弹性元件是用弹性较高材料制成的零件，在车轮受到大的冲击时，将动能转化为弹性势能储存起来，在车轮下跳或回复原行驶状态时再释放出来。弹性元件能够承受垂直载荷，缓和并抑制不平路面引起的振动和冲击。

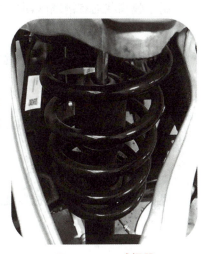

图1-8-1　减振器

3. 导向机构的作用

导向机构的作用是传递力和力矩，同时兼起导向作用。在汽车行驶的过程中，导向机构能够控制车轮的运动轨迹。

二、前减振器的拆卸

1. 支撑车身

将车辆停在起落架位置，摆好四个支点。

2. 松开紧固螺栓

松开轮胎紧固螺栓，并用专用扳手松开减振器上盖螺母。

3. 拆卸轮胎

用举升机将车举起，拆下轮胎。

4. 拆卸减振器固定螺栓

拆下减振器的两个固定螺栓。

5. 拆下刹车油管

从减振器套管的刹车油管固定胶套上拆下刹车油管。

6. 取下减振器总成

拆下减振器上盖,取下减振器总成。

7. 取下减振器弹簧

用专用工具将减振器弹簧压下。

8. 拆卸压力轴承和螺旋弹簧挡板

拆下鸭嘴状的有槽螺母,取下压力轴承和螺旋弹簧挡板。

9. 取下弹簧和防尘套

将专用工具慢慢松开,取下弹簧,并取出胶垫和防尘套。

三、前减振器的安装

前减振器安装的顺序和拆卸的顺序相反,但是应注意,安装完毕后应重新调整前束角。

故障排除

经拆检发现,该车前减振器油封漏油严重。更换左、右前减振器油封后,故障现象消失。

任务 2 　后减振器的更换

故障案例

一辆捷达轿车在行驶了 50 000 km 后,发现该车后部左右高度出现了不同,并且在驶过不平路面时感觉振动强烈。

案例分析

车辆后部左右高度不一致且驶过不平路面时震感强烈,属于典型的汽车后减振器故障,应进行检修。

知识链接

一、后减振器的拆卸

1. 举升车辆

将车停在举升机位置,用举升机将车辆举起。

2. 检查防尘罩的圈数

如果防尘罩的螺纹圈数为 20 圈,则防尘罩安装正确。如果防尘罩的螺纹圈数为 17 圈,则需要更换后减振器总成。

注意:如果是一侧的防尘罩的螺纹圈数为 17 圈的话,则只需要更换这一侧的后减振器总成。

3. 拆卸车轮

放下车辆,拉起驻车制动器。松开车轮螺母后再次举升车辆,并拆卸车轮。

注意:不可用加热的方式松开咬黏的车轮螺母,过度加热会导致车轮与轮毂的损坏。

4. 拆卸驻车制动拉索

推动夹具控制杆并压下锁定柄,从制动钳上拆下驻车制动拉索,如图 1-8-2 所示。

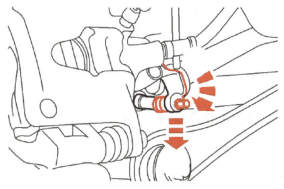

图 1-8-2　拆卸驻车制动拉索

5. 拆卸车轮速度传感器

用 7 N·m 的力矩从轮毂上拆下后车轮速度传感器,如图 1-8-3 所示。

6. 拆卸制动钳与锚板

从转向节上拆下制动钳与锚板,如图 1-8-4 所示。拆卸时应注意先将制动钳与锚板悬挂固定,以避免制动软管承受负荷。

7. 拆卸制动盘和轮毂

分别拧下制动盘和轮毂的紧固螺栓,拆卸制动盘和轮毂,如图 1-8-5、图 1-8-6 所示。

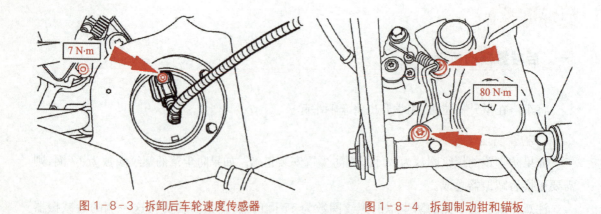

图 1-8-3　拆卸后车轮速度传感器　　　　图 1-8-4　拆卸制动钳和锚板

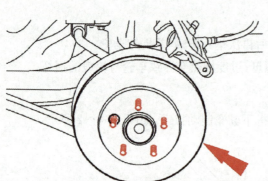

图 1-8-5　拆卸制动盘

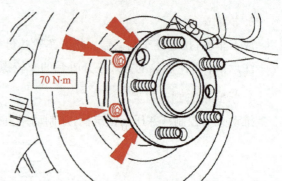

图 1-8-6　拆卸轮毂

8. 拆卸前、后控制臂

从转向节上拆下前、后控制臂，如图 1-8-7 所示。

9. 拆卸横拉杆

从转向节上拆下横拉杆，如图 1-8-8 所示。

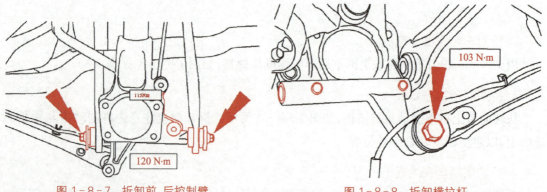

图 1-8-7　拆卸前、后控制臂　　　　图 1-8-8　拆卸横拉杆

10. 拆卸平衡杆连杆固定螺栓

从支架上拆卸将平衡杆连杆固定螺栓,如图 1 - 8 - 9 所示。

11. 拆卸转向节

拆下转向节与减振器的固定螺栓,拆卸转向节。

12. 拆卸平衡杆连杆

从悬架支柱上拆卸平衡杆连杆,如图 1 - 8 - 10 所示。

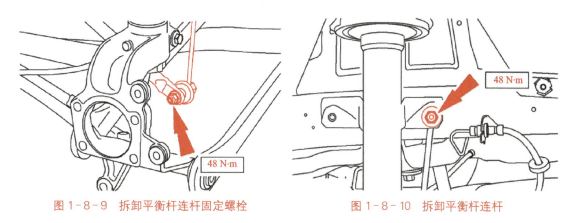

图 1 - 8 - 9　拆卸平衡杆连杆固定螺栓　　　图 1 - 8 - 10　拆卸平衡杆连杆

13. 拆下后减振器总成

　　用一适当的手推千斤顶顶起后减振器,将后减振器总成从横梁架上移开并拆下,如图 1 - 8 - 11 所示。

14. 分解后减振器总成

　　将拆下的后减振器总成的固定螺栓拧下,分解后减振器总成,如图 1 - 8 - 12 所示。

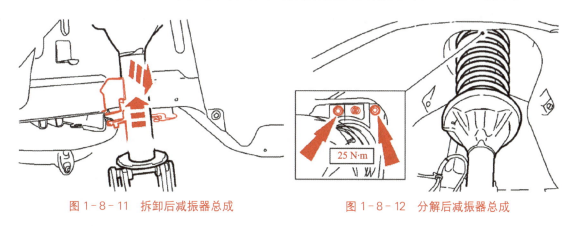

图 1 - 8 - 11　拆卸后减振器总成　　　　　图 1 - 8 - 12　分解后减振器总成

二、后减振器的安装

　　后减振器的安装顺序与拆卸顺序相反,但是应注意,全部零部件安装完毕后应检查车辆的制动系统,确保制动系统油管、驻车制动拉索完好,无漏油、损伤现象,并确保制动系统制动性能完好。

故障排除

　　经拆检发现,该车的左、右后减振器出现了不同程度的漏油,已经基本失效。更换后减振器后,故障现象完全消失。

转向系统检修

知识目标

1. 掌握转向系统的组成和作用。
2. 掌握动力转向泵的结构与作用。

能力目标

1. 能够正确添加动力转向系统油液。
2. 能够正确更换动力转向泵。

任务 1　动力转向系统油液的添加与检查

故障案例

一辆帕萨特轿车,在最近一段时间转弯比较费力,并且伴有转弯异响。

案例分析

根据转弯有异响且转弯费力的故障现象,分析故障是由动力转向系统故障引起的。

知识链接

一、动力转向系统的组成及作用

动力转向系统是兼用驾驶员体力和发动机动力为转向能源的转向系,由转向操纵机构、转向器和转向传动机构三大部分组成的,如图 1 - 9 - 1 所示。

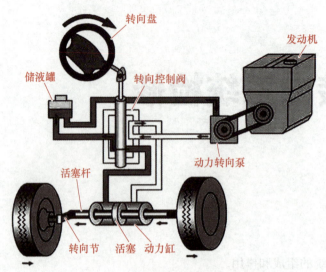

图 1 - 9 - 1 动力转向系统的组成

动力转向系统能够使转向操纵灵活、轻便,增大了汽车设计时对转向器结构形式选择的灵活性,还能吸收路面对前轮产生的冲击,因此在汽车制造中被普遍采用。

普通的动力转向系统是具有固定放大倍率的,这种动力转向系统的主要缺点如下:如果所设计的固定放大倍率的动力转向系统是为了减小汽车在停车或低速行驶状态下转动方向盘的力,则当汽车高速行驶时,这一固定放大倍率的动力转向系统会使转动方向盘的力显得太小,不利于对高速行驶的汽车进行方向控制;反之,如果所设计的固定放大倍率的动力转向系统是为了增大汽车在高速行驶状态下转动方向盘的力,则当汽车停驶或低速行驶时,转动方向盘就会显得非常吃力。

电子控制技术在汽车动力转向系统中的应用,使汽车的驾驶性能达到了令人满意的程度。电子控制动力转向系统在低速行驶时可使转向轻便、灵活;当汽车在中、高速区域转向时,又能保证提供最优的动力放大倍率和稳定的转向手感,从而提高了高速行驶的操纵稳定性。

二、动力转向系统油液的检查

为了保证动力转向系统的可靠性,应做好以下几个方面的检查:

视频

动力转向液
的检查

1. 储油罐液面高度的检查

当动力转向系统油液冷却后,油液液面的高度应符合要求,不足时应及时补充至规定刻度。

2. 储油罐泄漏检查

发动机在怠速或以 1 000 r/min 的转速运转时,当油罐内油温上升到

60～80 ℃时转动几次方向盘，握住方向盘在任一个限制器"LOCK"位置停留 5 s，小心地检查是否有漏油的情况，如有泄漏，应更换相关部件的衬垫。

3. 检查储油罐内油中是否混有空气

起动发动机，使之在 1 000 r/min 的转速下运转，并使方向盘在左右极限位置来回转几次，使油温上升至 40～80 ℃，观察油液是否有起泡或乳化现象。若有，则说明油液中混有空气，这时可将车辆前端用支架支起，添加一点油液，然后起动发动机，让其怠速运转，将方向盘左右转动几次；然后让发动机以 1 000 r/min 的转速运转，再转动几次方向盘。当发动机停转后，观察储油罐内油液是否有起泡和乳化现象，若无，则说明油液中已无空气，将油液加至规定量即可。如果仍有起泡和乳化现象，则重复以上过程，直到符合要求为止。

4. 检查动力转向系统油液的品质

观察动力转向系统油液，如果油液存在变质、过稠现象或含有杂质，则应更换。

5. 检查动力转向系统油液油压是否正常

用专用工具检查动力转向系统油液油压，应在 63 kPa～784 kPa 范围内。如果油压不符合要求，则应检查系统是否有渗漏现象。如无渗漏，则应依次检查叶轮泵、分配阀、动力缸等的工作是否正常，对有问题的零部件进行维修或更换。

三、动力转向系统油液的添加

动力转向系统油液在使用过程中会出现损耗，当损耗达到一定程度时，需对油液进行补充。

在添加油液时，先将回油管拆下，左右转动方向盘，尽量排尽油液；接着将回油管接上，向储油罐中加入油液；然后按排气的方法排除系统中的空气，最后加注油液至规定量。

故障排除

经检查，该车的动力转向系统储油罐油液液面偏低，存在缺油现象。进一步检查发现，该车的动力转向系统油液已经变质。更换新的动力转向系统油液后，故障现象消失。

任务2 动力转向泵的更换

故障案例

一辆桑塔纳 3000 型轿车已行驶了 80 000 km，车主反映，该车在最近一段时间内转向沉重，且伴有方向盘发抖和异响，更换动力转向系统油液后，故障现象有所好转，但是没有完全消除。

案例分析

车辆转向沉重且伴有方向盘发抖和异响，一般首先考虑为动力转向系统油液出现问题，但更换油液后故障现象并未消失，需考虑为动力转向泵故障。

知识链接

一、动力转向泵的结构与作用

（一）动力转向泵的结构

动力转向泵的结构如图 1-9-2 所示，主要是由动力输入齿轮、泵体、转轴、叶片、转子及泵盖等零部件组成的。为了确保动力转向泵的排量不随转速增大而增大，内设流量控制阀；为了限定输出压力的最大值，在动力转向泵的输出端还设有安全阀。

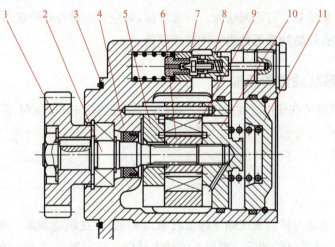

1—动力输入齿轮；2—转轴；3—密封圈；4—泵体；5—进油侧板；6—转子；
7—安全阀；8—流量控制阀；9—叶片；10—压力侧板；11—泵盖。

图 1-9-2　转向助力泵

（二）动力转向泵的作用

1. 动力转向泵是液压动力转向系统的动力源，它通过发动机作为传动介质，将机械能转换为液压能，转向器通过油泵输出的液压油把液压能转换成机械能，从而起到减轻驾驶员操作强度，提高整车可操纵性的作用；

2. 通过压力安全阀控制动力转向管路内部压力，确保转向系统安全；

3. 通过流量控制阀控制转向系统流量，保证车辆高速行驶时驾驶员转向手感。

二、动力转向泵的更换

如果动力转向泵出现故障,会造成车辆转向沉重。此时,应首先检查动力转向泵上的安全阀与流量控制阀。如果这两个阀封闭不严或弹簧弹力变弱,都会造成溢流压力过低,使动力转向系统油液油压达不到要求。如果这两个阀没有问题,则需要进行拆检。拆检如果发现动力转向泵的叶片或转子内腔拉伤,则应按如下流程更换动力转向泵。

(一) 拆卸动力转向泵

动力转向泵的拆卸较为简单,仅需将紧固螺栓拧下,然后用专用工具取下卡簧即可将动力转向泵拆下。

(二) 安装动力转向泵

1. 清洁动力转向泵安装口

拆卸动力转向泵后,应彻底清洁其安装口,如图 1-9-3 所示,确认安装口清洁无杂物后方可进行下一步的安装。

图 1-9-3 清洁动力转向泵安装口

2. 清洁动力转向泵油管接口

动力转向泵的油管接口若有异物,会直接进入动力转向泵油液中,导致转向困难等故障,所以在安装前应确保动力转向泵油管接口清洁无杂物,如图 1-9-4 所示。

3. 核对动力转向泵的型号

对于不同的车型,其所用的动力转向泵型号也不同,所以在安装前应核对动力转向泵的型号,确保动力转向泵的型号与车型匹配。

图 1-9-4　清洁动力转向泵油管接口

4. 连接转向油管

连接转向油管时应注意在转向油管接头处要求加装密封垫,如图 1-9-5 所示,且安装时应确保其安装力矩符合规定。

图 1-9-5　在转向油管接头处加装密封垫

 故障排除

经检测,该车动力转向泵的转子内腔拉伤,更换动力转向泵后,故障现象消失。

Item 10
项目 10 | 制动系统检修

知识目标

1. 掌握驻车制动器的作用。
2. 掌握制动盘的结构。
3. 掌握鼓式制动器的组成。

能力目标

1. 能够正确检查与调整制动踏板。
2. 能够正确检查与调整驻车制动器。
3. 能够正确添加和更换制动液。
4. 能够正确检查制动盘和制动蹄。
5. 能够诊断并排除制动系统常见故障。

任务 1　制动踏板的检查与调整

故障案例

　　一辆桑塔纳轿车在行驶了 100 000 km 之后,出现制动踏板踩到底制动效果仍不明显的情况,且情况越来越严重。

案例分析

　　出现制动踏板踩到底制动效果仍不明显的故障,一般是由于制动踏板自由行程过大所导致的,应对制动踏板进行检修。

知 识 链 接

一、制动踏板的检查

视频

制动踏板自由行程的检查

　　制动踏板就是限制动力的踏板,即脚刹(行车制动器)的踏板,制动踏板用于减速停车。制动踏板的检查主要是其自由行程的测量。

　　制动踏板自由行程是为保证不发生制动拖滞、彻底解除制动而设置的。测量时在制动踏板与驾驶室底板之间立一直尺,用手向下按制动踏板至有阻力时,记下直尺读数。然后放松踏板,再看直尺读数。两次读数之差即为踏板自由行程。液压制动的踏板自由行程一般在 15～20 mm,在调整时应按车型规定的数值进行调整。

二、制动踏板的调整

　　当制动踏板自由行程不合适时,可松开总泵推杆的锁紧螺母,拧动推杆,通过改变其长度进行调整。调整完毕后,再拧紧锁紧螺母。检查时,可用手轻压制动踏板,测量至手感变重时的制动踏板行程应为 15～20 mm,测量制动踏板踩下的有效行程应达到 135 mm,制动踏板的总行程应不小于 150 mm。如果检查不合格,可通过改变推杆长度的方法进行调整。

故 障 排 除

　　经检测,该车制动踏板自由行程为 50 mm。对制动踏板自由行程进行调整后,故障排除。

任务 2　驻车制动器的检查与调整

故 障 案 例

　　一辆帕萨特轿车在行驶了 30 000 km 之后,车主反映该车驻车制动器的制动效果有所下降。

案 例 分 析

　　驻车制动器关系车辆停车时的安全,若驻车制动器制动效果不佳,易导致事故发生,应及时检修。

知识链接

一、驻车制动器的作用

驻车制动器是指机动车辆安装的手动刹车机构,简称手刹,在车辆停稳后用于稳定车辆,避免车辆在斜坡路面停车时由于溜车造成事故。驻车制动手柄一般置于驾驶员右手下垂位置,以方便使用。

视频

驻车制动器

二、驻车制动器的检查

(一) 确定有效工作点

驻车制动器只对后轮进行制动,它利用两根金属钢缆拉动后轮制动片,起到制动的作用。正常情况下,当驻车制动手柄提拉到整个行程的 70%时,驻车制动器就应该处于正常的制动位置,这个位置就是驻车制动手柄的有效工作点。在检测驻车制动器制动力前,需要先找到这个有效工作点,可以通过数棘轮的响声来确定。

动画

电子驻车制动器结构

(二) 检测驻车制动器

检测驻车制动器时,将车开到坡度较大、路面状况良好的斜坡上,踩住刹车后挂入空挡(自动变速器换挡杆置于 N 挡位),将驻车制动手柄提拉到有效工作点,然后慢慢松开制动踏板,如果车辆没有移动,说明驻车制动器的性能良好。除此之外,还要检查驻车制动器的灵敏度,可以在平坦的路面上慢速行驶,缓缓地提拉驻车制动器手柄,感觉一下驻车制动器的灵敏度和接合点。需要注意的是,行驶中提拉驻车制动器会导致磨损,所以检测的次数不宜过多。

三、驻车制动器的调整

如果在检查中发现驻车制动器不灵敏,可以通过调整驻车制动器拉线来解决。在驻车制动手柄的下方有一个可调的补偿机构,调节时需要先拆卸驻车制动手柄的装饰罩,然后利用工具调节拉线的长度,以保障驻车制动器处于最佳工作状态。驻车制动器的调整步骤如下:

① 完全松开制动踏板。

② 调整左拉线上的调整螺母,直至后轮正好还能旋转。

③ 将驻车制动手柄调整至有效工作点。

④ 松开调整螺母,直至后车轮可以被手转动。

⑤ 检查车轮制动力,当驻车制动器处于有效工作点之前,车辆应能缓慢移动;当驻车制动器处于有效工作点之后,车辆应被完全制动。

故障排除

经检查,该车驻车制动器不灵敏,调整其拉线后,驻车制动器功能恢复正常。

任务 3　制动液的添加和更换

故障案例

一辆已经行驶了 100 000 km 左右的桑塔纳 2000 型轿车,车主反映最近出现制动偏软现象,并且越来越严重。

案例分析

经询问得知,该车的制动液长时间未进行检查,由于该车行驶里程较长,其制动偏软现象很可能是由于制动液不足所导致的。

知识链接

一、制动液的检查

制动液也叫刹车液或者刹车油,是液压制动系统中的传动介质,具有传递能量、散热、防腐防锈以及润滑四大作用,其性能好坏关系着行车安全,应该定期检查制动液量,如发现不足应及时补充。正常制动液的液面应在液罐的上限(H)与下限(F)刻线之间或标定位置处。当液位低于标定刻线或下限位置时,应补充新的制动液到标定刻线或上限位置。

二、制动液的添加与更换

视频

制动液的更换

1. 放出旧制动液

①起动发动机并保持息速运转(对于非真空助力式的制动系统,不必起动发动机)。

②拧下制动液储液罐的加液口盖。

③在制动分泵放气螺钉上套上一根透明塑料管,将管的另一端放入一个盛有旧制动液的容器内。

④拧松放气阀,然后向储液罐内加入足量的同种制动液。

2. 排放制动管路内的空气

排气时，应按由远至近的原则对各分泵进行放气。放气作业应由两人配合进行，一个人在驾驶室内连续踩动制动踏板，使踏板位置升高；此时在车下的另一个人拧松放气阀，使管路中的空气和制动液一同排出，当踏板位置降低时，立即拧紧放气阀。如此反复多次，直到塑料管内没有气泡排出为止，然后拧紧放气阀并装好防尘套。按上述方法依次对各分泵进行放气。

在排气时应一边排出空气，一边检查和补充制动液，直到空气完全排放干净为止，最后将储液罐中的制动液补充到规定位置。

故障排除

经检测，该车制动液存在消耗过多、液面过低的现象，进行制动液的补充和更换后，故障现象消失。

任务 4　制动盘的检查

故障案例

一辆帕萨特轿车，在行驶了 20 000 km 后到维修站进行维护。据车主反映，该车最近在制动时前轮出现抖动现象，并伴有刺耳的响声。

案例分析

根据制动出现抖动且有异响的现象，首先应考虑是制动片厚度不足，但经检测发现该车制动片的厚度正常。在目测检查制动盘时发现，该车的制动盘出现凹凸不平的磨损。

知识链接

一、制动盘的结构

盘式制动器是由制动片夹紧制动盘而产生制动力的。固定在轮毂上并同车轮一起旋转的制动盘与制动片摩擦材料，在制动系统液压或机械力的作用下产生摩擦作用，使汽车减速或停车。

盘式制动器摩擦副中的旋转元件是以端面工作的金属圆盘，称为制动盘。固定元件一般是工作面积不大的摩擦块与金属背板组成的制动片，每个制动器中有 2~4 个。这些制动片及促动装置都装在横跨制动盘两侧的夹钳形支架中，称为制动钳。这种由制动盘和制动钳组成的制动器称为钳盘式制动器，如图 1-10-1 所示。

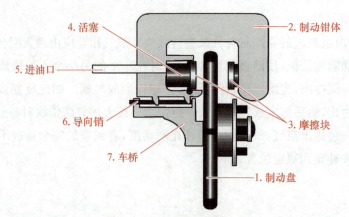

图 1-10-1　钳盘式制动器

二、制动盘的检修

制动盘在盘式制动器中起到摩擦制动的作用,它的检修不仅仅局限于制动盘本身,与其相关的部件如制动片等也应进行检修。

(一) 检查制动片

制动器制动片的检查如图 1-10-2 所示。当制动片过度磨损时,应更换新的。绝不能用砂纸抛光制动器垫块衬片,因为砂纸的硬颗粒会渗入衬片内,可能会损坏制动盘。

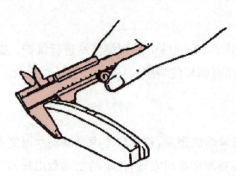

图 1-10-2　检查制动片

(二) 检查制动分泵滑销/卡钳销螺栓

检查制动分泵滑销是否能平滑移动,如图 1-10-3 所示。如发现制动分泵滑销/卡钳销螺栓有损坏,应维修或更换,并且在滑销和卡钳销螺栓外表面涂抹橡胶润滑脂。橡胶润滑脂的黏度在-40 ℃条件下基本不受影响。

(三) 检查制动分泵防尘罩和衬套

检查制动分泵防尘罩(图 1-10-4)和衬套是否有裂纹和损坏,如有损坏,应更换。

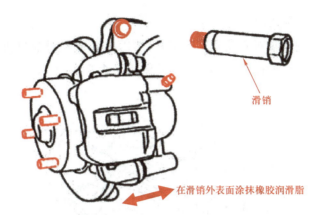

滑销

在滑销外表面涂抹橡胶润滑脂

图 1-10-3　检查制动分泵滑销能否自由滑动

制动分泵防尘罩

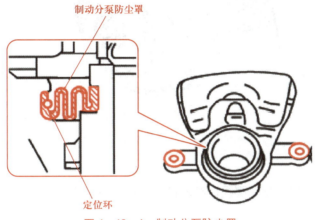

定位环

图 1-10-4　制动分泵防尘罩

(四) 检查制动盘

1. 检查制动盘表面

　　制动盘表面有擦痕是正常的,制动盘并没有损坏,但是当制动盘表面的擦痕过深或过高时,应更换制动盘。如制动盘只有一侧有擦痕,应抛光修理有擦痕的一侧。常用千分尺检查制动盘的厚度,如图 1-10-5 所示。

千分尺

视频

制动盘厚度
检测

图 1-10-5　检查制动盘的厚度

2. 测量制动盘端面圆跳动误差

使用车轮螺母把制动盘对着轮毂固定牢靠,然后用百分表测量制动盘的端面圆跳动误差,如图 1-10-6 所示。测量前,应检查前车轮轴承是否有松动。制动盘端面圆跳动误差极限为 0.10 mm。

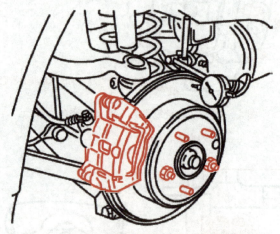

图 1-10-6 测量制动盘端面圆跳动误差

故障排除

经拆检发现,该车制动盘的磨损已经超过了极限。更换左、右制动盘并维护制动片后,故障现象消失。

任务 5 制动蹄的检查

故障案例

一辆桑塔纳 2000 型轿车,在行驶过一段积水路段后,发现制动出现后轮拖滞现象。

案例分析

桑塔纳 2000 型轿车采用的是鼓式制动器,制动出现拖滞,很可能是由于鼓式制动器出现故障所导致的。

知识链接

一、鼓式制动器的组成

鼓式制动器可以应用在前轮,也可以应用在后轮。鼓式制动器相对盘式制动器有更多的组成部件,其基本部件主要包括底板、制动轮缸、回应弹簧、限位弹簧、调节器、制动蹄、制动鼓等,如图 1 - 10 - 7 所示。

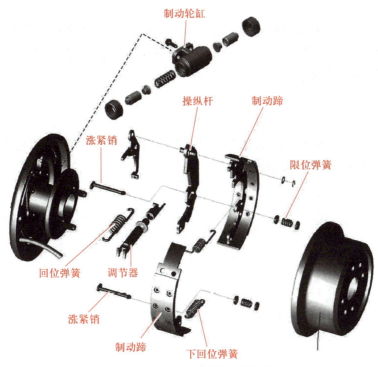

制动轮缸

操纵杆　　　制动蹄

涨紧销　　　　　　　　　限位弹簧

回位弹簧　调节器

涨紧销

制动蹄　　　下回位弹簧

图 1 - 10 - 7　鼓式制动盘的组成

二、鼓式制动器的检修

1. 检查制动蹄衬片的厚度

用游标卡尺测量制动蹄衬片的厚度,标准值为 5 mm,使用极限为 2.5 mm。制动蹄铆钉与衬片的表面深度不得小于 1 mm,以免铆钉头刮伤制动鼓内表面。

2. 检查制动鼓内孔的磨损情况

检查制动鼓内孔有无烧损、刮痕和凹陷,若不能修磨应更换新件。

3. 检测制动鼓内孔尺寸及圆度误差

用游标卡尺检查制动鼓内孔尺寸,标准值为 180 mm,使用极限为 181 mm。

视频

鼓式制动器
的检查

4. 检查后制动蹄衬片与后制动鼓接触面积

将后制动鼓衬片表面打磨干净后,靠在后制动鼓上,检查两者的接触面积,应不小于60%,否则应继续打磨衬片的表面。

5. 检查后制动器定位弹簧及回位弹簧

若后制动器定位弹簧、上回位弹簧、下回位弹簧和楔形调整板拉簧的自由长度增长率达5%,则应更换新弹簧。

6. 检查驻车制动鼓的磨损情况

当驻车制动鼓的工作表面磨损起槽超过 0.50 mm 时,可对其进行锁磨或车削,其内径增大不得超过 2 mm,径向圆跳动误差为 0.15 mm,后端面的端面圆跳动误差为 0.40 mm。驻车制动鼓如有裂纹,应予以更换。

故障排除

拆下制动鼓后检查发现,后制动器回位弹簧卡滞,制动蹄磨损严重。在维护制动鼓并更换回位弹簧和制动蹄后,车辆故障现象消失。

第二单元　汽车底盘电控系统检修

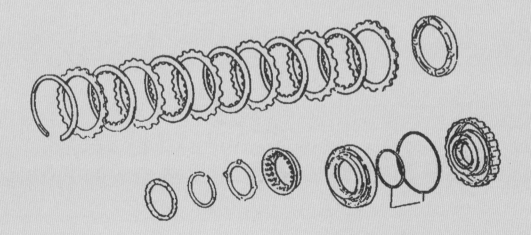

Item 1 项目1 | 电控自动变速器检修

 知识目标

1. 了解自动变速器的类型。
2. 掌握电液控自动变速器的基本组成与工作原理。
3. 掌握电液控自动变速器主要部件的作用。

能力目标

1. 能够正确地对电控自动变速器进行检查与试验。
2. 能够正确地检修电液控自动变速器的机械、液压部分。
3. 能够正确地检修自动变速器的电子控制系统。

任务 1　电控自动变速器的检查与试验

　　对于有故障的自动变速器应先进行检查与试验,以确定其故障范围,为进一步的分解维修提供依据。维修前检查是从诊断故障和确定维修部位出发,在车上进行必要的检查或测试。自动变速器在维修完毕后,也应进行全面的性能检查,修后检查与试验是为了鉴定维修质量,检验自动变速器的各项性能指标是否达到标准要求。

一、自动变速器的类型

　　广义上的自动变速器是指能够实现自动换挡的变速器。目前量产车上采用的自动变速器的自动换挡等过程都是由自动变速器的电子控制单元(ECU)控制的。自动变速器按照结构特点主要分为电液控自动变速器、无级自动变速器、双离合器自动变速器和机械式自动变速器四种。

(一) 电液控自动变速器

电液控自动变速器简称 AT(automatic transmission),是目前应用最广泛、技术最成熟的自动变速器。按照变速机构(机械变速器)的不同,电液控自动变速器又可分为行星齿轮自动变速器和非行星齿轮自动变速器,行星齿轮自动变速器应用较多,非行星齿轮自动变速器只在本田等个别车系中应用。按照挡位个数不同,目前常见的有 4AT、5AT、6AT 等,8AT 正在逐步普及中,9AT 也已经研制成功,有望在今后获得普及。

(二) 无级自动变速器

无级自动变速器简称 CVT(continuously variable transmission),它通过传动带和工作直径可变的主、从动轮相配合来传递动力,可以实现传动比的连续改变。无级自动变速器在操作上类似电液控自动变速器,但是速比的变化却不同于传统自动变速器的跳挡过程,是连续的,因此动力传输持续而顺畅。无级自动变速器也是一种具有广阔发展前景的自动变速器,目前在汽车上的应用已占有一定的市场份额。

(三) 双离合器自动变速器

双离合器自动变速器简称 DCT(dual clutch transmission),是近几年来出现的一种新型的自动变速器,它通过两个离合器连接两根输入轴来传递动力。相邻各挡的被动齿轮交错与两输入轴齿轮啮合,配合双离合器的控制,能够实现在不切断动力的情况下转换传动比,从而缩短换挡时间,有效地提高换挡品质。双离合器自动变速器还继承了手动变速器传动效率高、安装空间紧凑、质量小、价格便宜等许多优点。

(四) 机械式自动变速器

机械式自动变速器简称 AMT(automated mechanical transmission),它在原有手动、有级、普通齿轮变速器的基础上增加了电子控制系统,来自动控制离合器的接合、分离和变速器挡位的变换。机械式自动变速器由于原有的机械传动结构基本不变,所以齿转传动固有的传动效率高、机构紧凑、工作可靠等优点被很好地继承下来,在重型车上的应用具有很好的发展前景。

本项目主要介绍目前应用最广泛的行星齿轮电液控自动变速器。

二、自动变速器的基本组成和工作原理

(一) 基本组成

电液控自动变速器主要由液力变矩器、行星齿轮变速器、液压控制系统、电子控制系统等组成,如图 2-1-1 所示。

1. 液力变矩器

液力变矩器是一个通过液压油(ATF 油)传递动力的装置,其作用如下:

① 在一定范围内自动、连续地改变转矩比,以适应不同行驶阻力的要求。

② 具有自动离合器的作用。使汽车在发动机不熄火、自动变速器位于行驶挡的情况下,可以处于停车状态。驾驶员可通过控制节气门开度控制液力变矩器的输出转矩,实现动力的柔和传递。

2. 行星齿轮变速器

行星齿轮变速器由 2 或 3 排行星齿轮机构组成,不同的运动状态组合可得到 2~5 种速比,其作用如下:

① 在液力变矩器的基础上将转矩再增大 2~4 倍,以提高汽车的行驶适应能力。

② 实现倒挡传动。

3. 液压控制系统

液压控制系统是由油泵、各种控制阀及与之相联通的液压换挡执行元件(如离合器、制动器油缸等)组成的液压控制回路。汽车行驶过程中根据驾驶员及行驶条件的需要,通过控制液压离合器和制动器工作状况的改变来实现行星齿轮变速器的自动换挡。

4. 电子控制系统

电子控制系统将自动变速器的各种控制信号输入电子控制单元(ECU),经 ECU 处理后

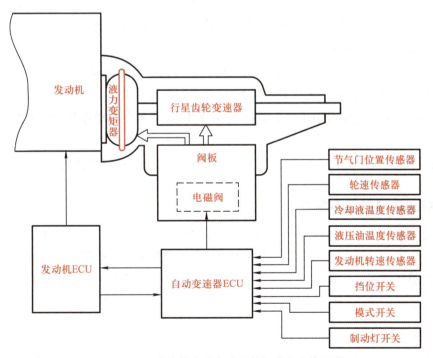

图 2-1-1　电液控自动变速器的组成和工作原理

发出控制指令控制液压系统中的各种电磁阀实现自动换挡,并改善使用性能。

(二) 工作原理

电液控自动变速器的工作原理图如图 2-1-1 所示。电液控自动变速器是通过各种传感器,将节气门开度、轮速、发动机冷却液温度、自动变速器液压油温度、发动机转速等参数信号输入自动变速器 ECU,ECU 根据这些信号,按照设定的换挡规律向换挡电磁阀、油压电磁阀等发出动作控制信号,换挡电磁阀和油压电磁阀再将 ECU 的动作控制信号转变为液压控制信号,阀板中的各控制阀根据这些液压控制信号控制换挡执行元件动作,从而实现自动换挡。

(三) 换挡杆的使用

轿车自动变速器的换挡杆通常有 6 个挡位。

① P 挡位:驻车挡。换挡杆置于此位置时,驻车锁止机构将自动变速器输出轴锁止。

② R 挡位:倒挡。换挡杆置于此位置时,液压系统倒挡油路被接通,驱动轮反转,汽车向后行驶。

③ N 挡位:空挡。换挡杆置于此位置时,所有的行星齿轮机构空转,不能输出动力。

④ D 挡位:前进挡。换挡杆置于此位置时,液压系统控制装置根据节气门开度信号和车速信号自动接通相应的前进挡油路,行星齿轮变速器在换挡执行元件的控制下得到相应的传动比。随着行驶条件的变化,在前进挡中自动升降挡,实现自动变速功能。

⑤ S 挡位(又称 2 位):高速发动机制动挡。换挡杆置于此位置时,液压控制系统只能接通前进挡中的一、二挡油路,自动变速器只能在这两个挡位间自动换挡,无法升入更高的挡位,从而使汽车获得发动机制动效果。

⑥ L 挡位(又称 1 位):低速发动机制动挡。换挡杆置于此位置时,汽车被锁定在前进挡的一挡,只能在该挡位行驶而无法升入高挡,发动机制动效果更强。

提示:a. 后两个挡位多用于山区等路况的行驶中,可避免频繁换挡,提高变速器的使用寿命。

b. 只有在换挡杆置于 N 或 P 挡位时,汽车才能起动,此功能靠空挡起动开关来实现。

三、自动变速器的基本检查

自动变速器液压油的油位不当、油质不佳、联动机构调节不当以及发动机怠速不正常,是引起自动变速器故障的最常见原因。通常把对这些最常见原因的检查称为自动变速器的基本检查。无论具体故障是什么,这种基本检查总要进行,而且必须首先进行。基本检查和调整项目包括变速器油面检查、油质检查、液压控制系统漏油检查、换挡杆位置检查和怠速检查。

(一) 变速器油面检查

在对自动变速器进行检查或故障诊断前,首先要对变速器油面高度进行检查。

检查变速器油面高度时,汽车必须停放在水平路面上,这样才能确保在差速器和变速器之间的油面高度正常、稳定。将换挡杆置于 P 挡位或 N 挡位,使发动机怠速运转至少 1 min,并且应在油液处于正常工作温度(50~90 ℃)时进行检查。

踩住制动踏板,将换挡杆置于倒挡(R 挡位)、前进挡(D 挡位)、前进低挡(S 挡位、L 挡位)等位置,并在每个挡位上停留几秒钟,使液力变矩器和所有换挡执行元件中都充满液压油,最后将换挡杆置于停车挡(P 挡位)。

从加油管内拔出自动变速器油尺,将擦干净的油尺全部插入加油管后再拔出,检查油尺上的油面高度。

液压油油面高度的标准如下:如果自动变速器处于冷态(即冷车刚刚起动,液压油的温度较低,为室温或低于 25 ℃),液压油油面高度应在油尺刻线的下限附近;如果自动变速器处于热态(如低速行驶 5 min 以上,液压油温度已达 70~80 ℃),液压油油面高度应在油尺刻线的上限附近,如图 2-1-2 所示。这是因为低温时液压油的黏度高,运转时有较多的液压油附着在行星齿轮等零件上,所以油面较低;高温时液压油黏度低,容易流回油底壳,因此油面较高。

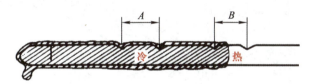

图 2-1-2　自动变速器液压油油面高度的检查

(二) 油质检查

油质检查主要检查变速器液压油的气味和状态。液压油的气味和状态可以表明自动变速器的工作状态。检查油质时,可从油尺上嗅一嗅油液的气味,在手指上点少许油液,用手指互相摩擦看是否有渣粒,或将油尺上的液压油滴在干净的白纸上,检查液压油的颜色及气味。正常液压油的颜色一般为粉红色,且无气味。如果液压油呈棕色或有焦味,说明已变质。

(三) 液压控制系统漏油检查

液压控制系统的各连接部位上都有油封和密封垫,这些部件常发生漏油。液压控制系统漏油会引起油路压力下降及油位下降,这是换挡打滑和延迟的常见原因。图 2-1-3 所示为自动变速器各油封的位置,它们是易发生漏油的部位,应逐一进行检查。

(四) 换挡杆位置检查

将换挡杆置于各个挡位,检查挡位指示灯与换挡杆的位置是否一致,换挡杆置于 P 挡位和 N 挡位时发动机能否起动,换挡杆置于 R 挡位时倒挡灯是否亮起。发动机应只能在空挡(N 挡位)和驻车挡(P 挡位)起动,其他挡位不能起动,若有异常,应调节空挡起动开关螺栓和开关电路。

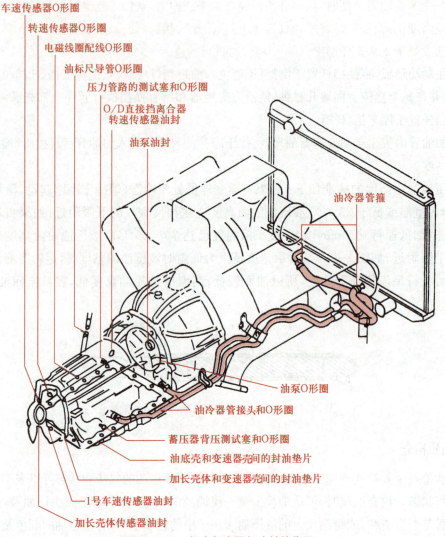

车速传感器O形圈
转速传感器O形圈
电磁线圈配线O形圈
油标尺导管O形圈
压力管路的测试塞和O形圈
O/D直接挡离合器
转速传感器油封
油泵油封

油冷器管箍

油泵O形圈
油冷器管接头和O形圈
蓄压器背压测试塞和O形圈
油底壳和变速器壳间的封油垫片
加长壳体和变速器壳间的封油垫片
1号车速传感器油封
加长壳体传感器油封

图 2-1-3 自动变速器各油封的位置

（五）怠速检查

发动机怠速不正常，特别是怠速过高，会使自动变速器工作不正常，出现换挡冲击等故障。因此，在对自动变速器作进一步的检查之前，应先检查发动机的怠速是否正常。检查怠速时应将自动变速器换挡杆置于驻车挡（P 挡位）或空挡（N 挡位）位置。通常装有自动变速器的汽车发动机怠速为 750 r/min，若发动机怠速过低或过高，都应予以调整。

四、自动变速器性能试验

（一）时滞试验

从换挡杆由空挡位（N 或 P 挡位）移到实挡位（R、D、S 或 L 挡位）的时刻开始，到变速器控制系统使变速器得到真实挡位所经过的时间,称为"挂挡时滞"。从换挡杆由实挡位(R、D、S或L挡位)移到空挡位(N或P挡位)的时刻开始,到变速器控制系统使变速器解除挡位所经过的时间,称为"摘挡时滞"。时滞时间是执行元件间隙、齿轮副间隙、管路的压力、液压系统的工作性能等的综合反映。离合器和制动器的自由间隙越大,则啮合时间越长,时滞时间也越长;管路压力越低,则获得离合器活塞工作压力所需的时间越长,时滞时间越长。

该试验用于测量发动机怠速运转时,自动变速器的"挂挡时滞"和"摘挡时滞"。一般车辆正常的"挂挡时滞"为1.2 s,"摘挡时滞"为1.5 s。

(二) 失速试验

失速试验用于检查液力变矩器在失速状态时,发动机所达到的最高转速。失速试验应在以下条件下进行:

① 使变速器液压油油温达到正常工作温度(约80 ℃)。
② 用三角木掩好车轮,拉紧驻车制动器,同时将行车制动踏板踩到底,确保车辆安全制动。
③ 将换挡杆置于D或R挡位。
④ 将发动机的加速踏板踩到底,读此时发动机的最高转速。

注意:失速试验的时间严禁超过5 s,每次失速试验之间必须间隔1 min以上,否则将严重损伤变速器,并使液压油过早变质。

失速试验用于检查发动机的动力输出、油泵、导轮单向离合器的功能和齿轮变速器内制动器与离合器的打滑情况,失速转速因车而异,但一般都在1 800~2 500 r/min的范围内。失速转速过高或过低都存在相应的故障,具体分析见表2-1-1。

表2-1-1　失速转速与变速器故障分析表

换挡杆位置	失速转速	故障原因
D或R挡位	过高	主油路压力过低(油泵或主油路调压阀故障);前进挡和倒挡的换挡执行元件打滑;液压油滤清器堵塞
	过低或熄火	发动机动力不足;变矩器导轮的单向离合器打滑
仅D挡位	过高	前进挡油路油压过低;前进挡换挡执行元件打滑
仅R挡位	过高	倒挡油路油压过低;倒挡换挡执行元件打滑

(三) 油压试验

为了初步了解自动变速器内部的工作情况,在自动变速器的壳体上都有检测液压系统压力的检测口,一般车辆至少有一个主油路压力检测口,有些车辆有多个压力检测口,可以测量液压系统内部多处的局部压力,如主油路压力、节气门阀压力、某执行元件油路压力等。接上专用的高量程油压表,就可以读出各个检测口的压力值。

油压试验应在以下条件下进行:

① 自动变速器液压油油温达到正常工作温度(约 80 ℃)。

② 踩下行车制动踏板,拉紧驻车制动器,将换挡杆置于 D、S、L 或 R 挡位。

③ 分别测试换挡杆各位置对应于发动机怠速和失速两种状态下的油压。

将所测结果与标准数值进行比较,如果测得的数值与标准值不符,则需要进行调整、检修或更换油泵,清洗阀体,更换滤清器,更换油道密封圈或检修换挡执行元件的密封件等。

(四) 道路试验

道路试验应在自动变速器工作温度达 50～80 ℃时进行。

1. D 挡位试验

(1) 换高速挡检验

将换挡杆置于 D 挡位,超速挡开关处于 ON 状态,踩下加速踏板至全开或半开,使车辆加速行驶,检查 1 挡—2 挡、2 挡—3 挡和 3 挡—O/D 挡的换挡是否顺利,且各换挡点是否在标准范围内,即全开或半开的车速值。

(2) 换挡冲击、打滑、振动和噪声检验

按同样方式做换高速挡检验,并在各换挡点反复加速和减速,检查在 1 挡—2 挡、2 挡—3 挡和 3 挡—O/D 挡的各换挡点的冲击程度和执行元件的打滑程度。

检查在各个挡位上行驶时,有无异常噪声和振动。

如果在某个挡位上出现发动机转速迅速上升,而汽车速度变化较慢,或车辆不能平稳起步等情况,可能是因为执行元件打滑所致。

(3) 换低挡检验

在 D 挡位以 O/D 挡行驶时,缓慢制动到停车,检查变速器 O/D 挡—3 挡、3 挡—2 挡、2 挡—1 挡的换挡是否顺利,并检查减挡时的冲击程度。

(4) 锁止检验

为了提高汽车的经济性,减少油耗,在一定的条件下液力变矩器的锁止离合器将工作,使液力变矩器变成离合器使用。试验时,将换挡杆置于 D 挡位,使汽车以 70 km/h 以上的速度行驶,然后轻轻地踩下加速踏板,检查发动机转速和车速是否同步上升,如果发动机转速猛增,而车速变化不大,则说明无锁止功能。

2. S 挡位试验

(1) 换挡试验

将换挡杆置于 S 挡位,让车辆加速行驶,检查变速器能否进行 1 挡—2 挡的正常换挡;然后再减速,检查变速器能否完成 2 挡—1 挡的正常换挡;同时检查换挡时的冲击程度。

（2）发动机制动试验

所谓发动机制动试验，是指利用发动机的运转阻力使车辆减速，用以检查相应换挡执行元件是否损坏。当换挡杆置于 S 挡位，变速器以 2 挡行驶时，释放加速踏板，检查发动机制动的效果。如果此时发动机能够以怠速运转，则没有发动机制动，说明相关的制动器有故障，需要检修或更换。

3. L 挡位试验

（1）无换挡试验

将换挡杆置于 L 挡位，让车辆加速行驶，检查变速器能否进行 1 挡—2 挡的换挡。如果能够换挡，说明变速器的换挡控制系统有故障。

（2）发动机制动检验

当车辆在 L 挡位行驶时，释放加速踏板，检查发动机制动的效果。如果此时发动机能够以怠速运转，则没有发动机制动，说明相关制动器有故障，需要检修或更换。

（3）R 挡位试验

发动机运转，将换挡杆置于 R 挡位，稍踩油门踏板即能实现倒车，否则倒挡执行元件有打滑现象。

（4）P 挡位试验

将车辆停放在斜坡上，将换挡杆移至 P 挡位，释放制动踏板和驻车制动器，检查停车锁止爪是否能阻止车辆移动。如果车辆能够移动，说明变速器内部有机械故障，需解体检修或更换。

任务2　液力变矩器的检修

故障案例

有一辆故障汽车的车主反映，该车低速时加速不良，中速后加速正常，自动变速器液压油油液颜色和气味正常。

案例分析

经维修人员路试后得知，该汽车在 50 km/h 以下时加速不良，速度上升非常缓慢，车速超过 50 km/h 以后动力恢复正常，加速良好；检查自动变速箱液压油油液颜色和气味正常。该故障最大的可能性是变矩器内支承导轮的单向离合器打滑，使变矩器由低速增加扭矩变成低速降低扭矩;车速超过 50 km/h 后进入耦合工况,泵轮和涡轮的转速基本一致,没有残余能量,导轮不用再改变液流方向,于是汽车动力和加速性能恢复正常。因此,排除该故障主要考虑对液力变矩器进行检修。

知识链接

一、液力变矩器的作用、结构与工作原理

液力变矩器是位于发动机和机械变速器之间的一种液力传动装置,它以液体为工作介质来进行能量转换。液力变矩器的能量输入部件为泵轮,与发动机的输出轴相连,并将发动机输出的机械能转换为工作介质的动能;能量输出部件为涡轮,将液体的动能又还原为机械能输出。

(一) 液力变矩器的作用

① 传递转矩。发动机的转矩通过液力变矩器的主动元件和液压油传给液力变矩器的从动元件,最后传给变速器。

② 无级变速。根据工况的不同,液力变矩器可以在一定范围内实现转速和转矩的无级变化。

③ 自动离合。液力变矩器由于采用液压油传递动力,当踩下制动踏板时,发动机也不会熄火,此时相当于离合器分离;当抬起制动踏板时,汽车可以起步,此时相当于离合器接合。

④ 驱动油泵。液压油在工作的时候需要油泵提供一定的压力,而油泵是由液力变矩器壳体来驱动的。由于采用液压油传递动力,液力变矩器的动力传递柔和,且能防止传动系统过载。

(二) 液力变矩器的结构与工作原理

图 2-1-4 所示为液力变矩器的结构简图,它主要由泵轮、涡轮和导轮三个基本部件组成。

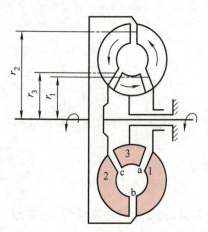

1—泵轮;2—涡轮;3—导轮。

图 2-1-4 液力变矩器的结构简图

液力变矩器总成封在一个钢制壳体(变矩器壳体)中,内部充满液压油。液力变矩器壳体通过螺栓与发动机曲轴后端的飞轮连接,与发动机曲轴一起旋转。泵轮位于液力变矩器的后部,与变矩器壳体连在一起。涡轮位于泵轮前面,通过带花键的从动轴向后面的机械变速器输出动力。导轮位于泵轮与涡轮之间,通过单向离合器支承在固定套管上,使得导轮只能单向旋转(顺时针旋转)。泵轮、涡轮和导轮上都带有叶片,液力变矩器装配好后形成环形内腔,其间充满液压油。

当泵轮由发动机驱动旋转时,液压油由泵轮外端的 b 出口 (图 2-1-4) 甩出(r_2 表示泵轮叶片出口在中间旋转曲面上的半径)而进入涡轮,然后自涡轮的 c 出口(r_3 表

示涡轮叶片出口在中间旋转曲面上的半径)流出而进入导轮,再经导轮 a 出口流入泵轮而形成环流。

如图 2-1-5 所示,涡轮转速为零或较低时(相当于起步或重载低速时),涡轮甩出的液压油冲击导轮叶片,此时导轮是固定不动的,因为导轮上装有单向离合器,它可以防止导轮逆向转动。导轮的叶片形状使得液压油改变方向流回泵轮,即与泵轮的旋转方向相同。泵轮将来自发动机和从涡轮回流的能量一起传递给涡轮,使涡轮输出转矩增大。

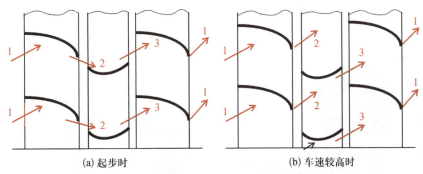

(a) 起步时 (b) 车速较高时

1—液压油由泵轮冲向涡轮的液流方向;2—液压油由涡轮冲向导轮的
液流方向;3—液压油由导轮冲向泵轮的液流方向。

图 2-1-5 导轮流体方向变化图

当涡轮转速逐渐升高,即涡轮的牵连速度逐渐增加时,从涡轮回流的液压油会冲击导轮。若导轮仍然固定不动,液压油将会产生涡流,阻碍其自身的运动。为此绝大多数液力变矩器在导轮机构中增设了单向离合器,也称自由轮机构。当涡轮与泵轮转速相差较大时,单向离合器处于锁止状态,导轮不能转动。当涡轮转速达到泵轮转速的 85%~90% 时,单向离合器导通,导轮空转,不起导流作用,液力变矩器的输出转矩不能增加,只能等于泵轮的转矩,此时称为耦合状态。

从上面的分析可以得出这样的结论:随着涡轮转速的逐渐提高,涡轮输出的转矩要逐渐下降,而且这种变化是连续的。同样,如果涡轮上的负荷增加了,涡轮的转速要下降,而涡轮输出的转矩增加正好适应负荷的增加。

可以把液力变矩器的工作过程概括为两个工况,一个是变矩,另一个是耦合。当泵轮与涡轮转速相差较大或者在低速区时,液力变矩器实现变矩(增矩);当涡轮转速达到泵轮转速的 85%~90% 或者在高速区时,液力变矩器实现耦合传动,即输出(涡轮)转矩等于输入(泵轮)转矩。

液力变矩器在进入耦合工况时,不再具有增大转矩的能力,同时由于泵轮和涡轮之间存在转速差,使效率始终不能达到 100%。为了提高变矩器的效率,在变矩器进入耦合工况时,利用锁止离合器强制将液力变矩器的泵轮和涡轮锁止,泵轮的动力不再通过液体传递,而是直接传给涡轮,以便将发动机的动力 100% 地传给变速器。

图片

锁止离合器
结构

当车辆低速行驶时，自动变速器液压油由锁止离合器从动盘的前端流入，如图 2－1－6a 所示，所以锁止离合器从动盘前端及后端的压力基本相等，使锁止离合器不起作用，即处于分离状态。此时，变矩器起变速变扭作用。

当车辆高速行驶时（车速通常为 60 km/h 左右），信号阀中的滑阀向上移动，使继动阀中的滑阀也向上移动，改变油路，液压油从锁止离合器的后端流入，如图 2－1－6b 所示，锁止离合器与前盖之间的油液被排出，所以锁止离合器从动盘前端及后端的压力不相等，使其向前移动，锁止离合器接合。此时，动力传递路线为前盖—锁止离合器—变速器输入轴。

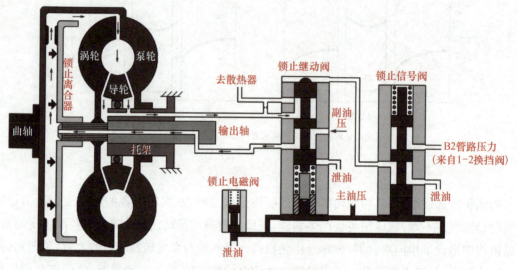

(a) 锁止离合器分离

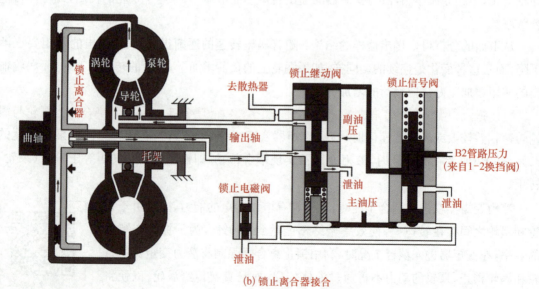

(b) 锁止离合器接合

图 2－1－6　锁止离合器工作示意图

二、液力变矩器的检修

(一) 外部检查

目视检查液力变矩器的外部有无损坏和裂纹,油泵驱动毂外径有无磨损、缺口及损伤。如有异常应更换液力变矩器。

(二) 轴套径向圆跳动误差检测

将液力变矩器固定在发动机飞轮上,用百分表进行检查。将飞轮旋转一周,百分表指针偏摆量应小于 0.03 mm,否则转换一个角度重新安装后再测量。如果始终不能调整到允许的范围内,则需检修或更换液力变矩器。

(三) 单向离合器的检查

单向离合器只能一个方向旋转、一个方向锁止。当内座圈固定时,外座圈顺时针方向转动楔块不锁止,外座圈可自由转动;当外座圈逆时针转动时,楔块锁止,外座圈不能转动。如图 2 - 1 - 7 所示。

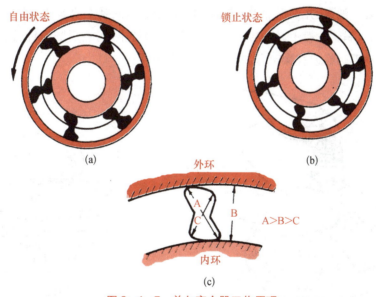

图 2 - 1 - 7　单向离合器工作原理

采用专用工具(内座圈驱动器和外座圈固定器)检查单向离合器的工作情况,如图 2 - 1 - 8 所示。如果单向离合器朝两个方向都能自由转动或都能锁止,则说明单向离合器已损坏,需更换单向离合器。

(四) 液力变矩器内部运动干涉检查

液力变矩器内部运动干涉主要指导轮和涡轮、导轮和泵轮之间的运动干涉。如果有运动

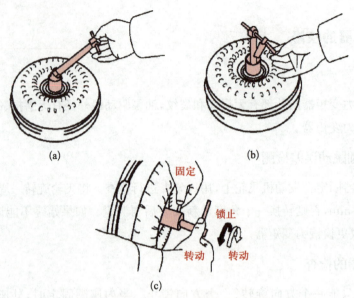

(a)　　　　　　(b)

(c)

固定

锁止

转动　　转动

图2-1-8 单向离合器的检查

干涉,液力变矩器运转时会有噪声。

导轮和涡轮之间的运动干涉检查如图2-1-9所示。将液力变矩器与飞轮连接侧朝下放在台架上,然后装入油泵,并确保液力变矩器油泵驱动毂与油泵主动部分接合好。把变速器输入轴(涡轮轴)插入涡轮轮毂中,使油泵和液力变矩器保持不动,然后顺时针、逆时针反复转动涡轮轴,如果转动不顺畅或有噪声,则应更换液力变矩器。

1—涡轮轴;2—油泵;3—液力变矩器。

图2-1-9 导轮和涡轮之间的运动干涉检查

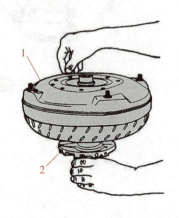

1—液力变矩器;2—油泵。

图2-1-10 导轮和泵轮之间的运动干涉检查

导轮和泵轮之间的运动干涉检查如图2-1-10所示。将油泵放在台架上,并把液力变矩器安装在油泵上,旋转液力变矩器使液力变矩器的油泵驱动毂与油泵主动部分接合好,然后固定住油泵并逆时针转动液力变矩器,如果转动不顺畅或有噪声,则应更换液力变矩器。

故障排除

通过对故障车液力变矩器进行检查发现,单向离合器正、反方向都能转动,从而导致导轮无法反方向锁止。

用车床切开液力变矩器,更换单向离合器,然后用氩弧焊把液力变矩器焊好,重新装车,车辆低速加速性能良好。

任务 3   电液控自动变速器的检修

故障案例

一辆配备 097 型自动变速箱的奥迪 A6 轿车,行驶了 20 万公里以后,无前进挡,但是有倒挡。

案例分析

该车挂入 D 挡、2 挡和 1 挡都没有前进动作,但倒挡十分正常。根据以往的经验,倒挡正常可以断定液力变矩器基本正常。该车自动变速箱控制单元有一应急程序,假如该变速箱电控系统中某一电控部件发生故障影响动力传递,则应急程序将被启动,变速箱根据手动阀的位置进行工作。当换挡杆置于 R 挡位时,汽车将以倒挡工作;当换挡杆置于 1 挡时,汽车以 1 挡工作;当换挡杆置于 D 和 2 挡时,汽车均以 3 挡工作。该变速箱无任何前进挡,所以断定是液压控制系统或机械部分故障。因此,要排除该故障主要考虑对变速器的机械与液压部分进行检修。

知识链接

一、自动变速器机械、液压部分的结构与工作原理

自动变速器的机械部分是指行星齿轮变速器,这一般采用 2 或 3 排行星齿轮机构,其各挡传动比就是根据行星齿轮机构传动特点进行合理组合而得到的。常见的行星齿轮机构有辛普森式和拉维娜式。行星齿轮变速器的换挡执行元件包括离合器、制动器和单向离合器。

自动变速器的液压部分是指液压控制系统,它包括油泵及各种控制阀,它们通过油道与换挡执行元件连通,对换挡执行元件进行控制从而实现换挡。

(一) 行星齿轮机构的结构与工作原理

1. 辛普森式行星齿轮机构的结构与工作原理

辛普森式行星齿轮机构的结构简图如图 2-1-11 所示,从图中可以看出,一个单排行星

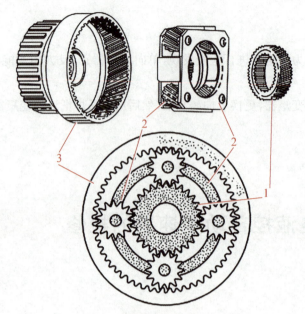

1—太阳轮；2—行星齿轮和行星架；3—齿圈。

图 2-1-11   辛普森式行星齿轮机构的结构简图

齿轮机构由太阳轮、行星齿轮和行星架、齿圈组成。

齿圈又称为齿环，制有内齿，其余齿轮均为外齿轮。太阳轮位于机构的中心，行星轮与之外啮合，行星轮与齿圈内啮合。通常行星轮有 3～6 个，通过滚针轴承安装在行星齿轮轴上，行星齿轮轴对称、均匀地安装在行星架上。行星齿轮机构工作时，行星轮除了绕自身的轴线自转外，同时还绕着太阳轮公转，行星架也绕太阳轮旋转。由于太阳轮与行星轮是外啮合，所以两者的旋转方向是相反的；而行星轮与齿圈是内啮合，则两者的旋转方向是相同的。

由于行星齿轮和行星架是一个整体（以下简称行星架），所以在一个行星排中只有三个基本组件，即太阳轮、行星架和齿圈。

由于单排行星齿轮机构有两个自由度，没有固定的传动比，不能直接用于变速传动，也就不能传递功率。因此，行星排在传递功率时，三个组件中的一个必须被锁止，使其他两个组件中的一个为主动件，另一个为从动件，通过这两个组件才可能传递功率，也才有固定的传动比。规定太阳轮转速为 n_1，齿圈转速为 n_2，行星架转速为 n_3，齿圈齿数 z_2 与太阳轮齿数 z_1 之比为 α，即 $\alpha = z_2/z_1$，且 $\alpha > 1$。一个行星排可以得到下列七种不同的组合方式：

① 齿圈为主动件（输入），行星架为从动件（输出），太阳轮固定。此时，$n_1 = 0$，则传动比 i_{23} 为

$$i_{23} = n_2/n_3 = 1 + 1/\alpha > 1$$

由于传动比大于 1，说明为减速传动，可以作为降速挡。

② 太阳轮为主动件（输入），行星架为从动件（输出），齿圈固定。此时，$n_2 = 0$，则传动比 i_{13} 为

$$i_{13}=n_1/n_3=1+\alpha>1$$

由于传动比大于 1,说明为减速传动,可以作为降速挡。

对比以上两种情况的传动比,由于 $i_{13}>i_{23}$,虽然都为降速挡,但 i_{13} 是降速挡中的低挡,而 i_{23} 为降速挡中的高挡。

③ 行星架为主动件(输入),齿圈为从动件(输出),太阳轮固定。此时,$n_1=0$,则传动比 i_{32} 为

$$i_{32}=n_3/n_2=\alpha/(1+\alpha)<1$$

由于传动比小于 1,说明为增速传动,可以作为加速挡。

④ 行星架为主动件(输入),太阳轮为从动件(输出),齿圈固定。此时,$n_2=0$,则传动比 i_{31} 为

$$i_{31}=n_3/n_1=1/(1+\alpha)<1$$

由于传动比小于 1,说明为增速传动,可以作为加速挡。

⑤ 太阳轮为主动件(输入),齿圈为从动件(输出),行星架固定。此时,$n_3=0$,则传动比 i_{12} 为

$$i_{12}=n_1/n_2=-\alpha$$

由于传动比为负值,说明主、从动件的旋转方向相反;又由于 $|i_{12}|>1$,说明为增速传动,可以作为倒挡。

动画

单排行星齿
轮倒挡

⑥ 当 $n_1=n_2$ 时,则可以得到 $n_3=n_1=n_2$。同样,当 $n_1=n_3$ 或 $n_2=n_3$ 时,均可以得到 $n_1=n_2=n_3$ 的结论。因此,若使太阳轮、齿圈和行星架三个组件中的任何两个组件连为一体转动,则另一个组件必然与前两者等速、同向转动,即行星齿轮机构中所有组件(包含行星轮)之间均无相对运动,传动比 $i=1$。这种传动方式用于变速器的直接挡传动。

⑦ 如果太阳轮、齿圈和行星架三个组件没有任何约束,则各组件的运动是不确定的,此时为空挡。

2. 拉维娜式行星齿轮机构的结构与工作原理

拉维娜式行星齿轮机构的结构简图如图 2－1－12 所示,其由双行星排组成,包括大太阳轮、小太阳轮、长行星轮、短行星轮、齿圈和行星架。大、小太阳轮采用分段式结构。短行星轮与长行星轮及小太阳轮啮合,长行星轮同时与大太阳轮、短行星轮及齿圈啮合,动力通过齿圈输出。两个行星轮共用一个行星架,因此它只有 4 个独立组件,即大太阳轮、小太阳轮、行星架、齿圈。这种行星齿轮机构具有结构简单、尺寸小、传动比变化范围大、灵活多变等特

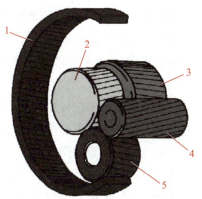

1—齿圈;2—小太阳轮;3—大太阳轮;
4—长行星轮;5—短行星轮。

图 2－1－12　拉维娜式行星齿轮
机构的结构简图

点,可以组成有 3 个前进挡或 4 个前进挡的行星齿轮变速器。

(二)离合器的结构与工作原理

离合器是换挡执行机构中进行连接的主要组件。离合器连接输入轴与行星齿轮机构,把液力变矩器输出的动力传递给行星齿轮机构;或把行星排的某两个组件连接在一起,使之成为一个整体。

自动变速器中通常使用的是多片式离合器,其主要由离合器鼓、活塞、主动摩擦片、从动钢片、回位弹簧等组成,分解图如图 2-1-13 所示。

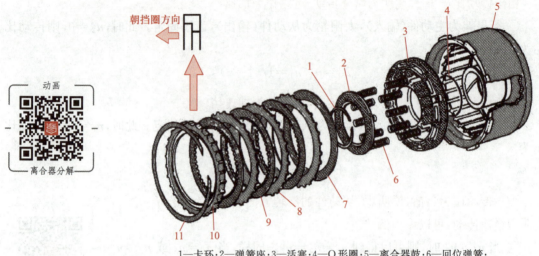

1—卡环;2—弹簧座;3—活塞;4—O 形圈;5—离合器鼓;6—回位弹簧;
7—碟形弹簧;8—从动钢片;9—主动摩擦片;10—压盘;11—卡环。

图 2-1-13　离合器分解图

离合器鼓是一个液压缸,鼓内有内花键齿圈,内圆轴颈上有进油孔与控制油路相通。离合器活塞为环状,内、外圆上有密封圈,安装在离合器鼓内。从动钢片和主动摩擦片交错排列,两者统称为离合器片,均使用钢料制成,但摩擦片的两面烧结有铜基粉末冶金的摩擦材料。**为保证离合器接合柔和及散热良好,离合器片浸在油液中工作,因而称为湿式离合器。**从动钢片带有外花键齿,与离合器鼓的内花键齿圈连接,并可轴向移动;主动摩擦片则以内花键齿与花键毂的外花键槽配合,也可作轴向移动。花键毂和离合器鼓分别以一定的方式与变速器输入轴或行星齿轮机构的组件相连接。碟形弹簧的作用是使离合器接合柔和,防止换挡冲击。可以通过调整卡环或压盘的厚度调整离合器的间隙。

离合器工作原理图如图 2-1-14 所示。当一定压力的液压油经控制油道进入活塞左面的液压缸时,液压作用力便克服弹簧力使活塞右移,将所有离合器片压紧,即使离合器接合,与离合器主、从动部分相连的组件也被连接在一起,以相同的速度旋转。

当控制阀将作用在离合器液压缸上的油压卸除后,离合器活塞在回位弹簧的作用下回复原位,并将缸内的液压油从进油孔排出,使离合器分离,离合器主、从动部分可以不同转速旋转。

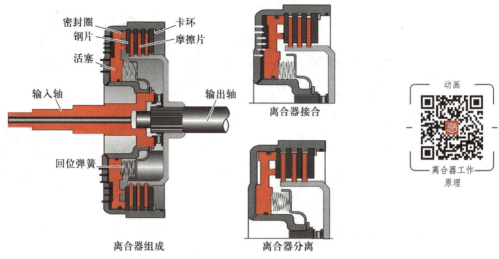

图2-1-14 离合器工作原理图

为了快速泄油,保证离合器彻底分离,一般在液压缸中设置一个单向球阀,如图2-1-15所示。当液压油被泄出时,球体在离心力的作用下离开阀座,开启辅助泄油通道,使液压油迅速泄出。

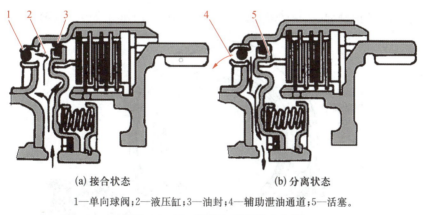

1—单向球阀;2—液压缸;3—油封;4—辅助泄油通道;5—活塞。

图2-1-15 带单向球阀的离合器

(三) 制动器的结构与工作原理

自动变速器中的制动器是用来固定行星排中的某个基本组件的。通过制动器的接合,把行星排中的某个组件和变速器壳体连接起来,使之不能转动。

自动变速器中的制动器有两种,一种是片式制动器,一种是带式制动器。带式制动器又称制动带。

1. 片式制动器的结构

片式制动器主要由制动片(钢片和摩擦片)、制动鼓、回位弹簧及弹簧座等组成,其分解图如图2-1-16所示。

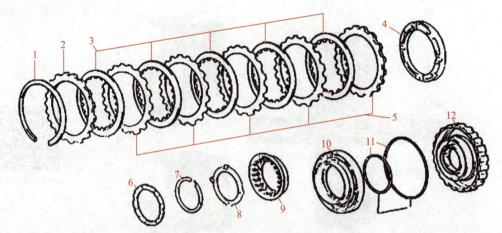

1—卡簧;2—法兰;3—摩擦片;4—活塞套筒;5—钢片;6—推力垫;7—卡簧;8—弹簧座;
9—回位弹簧;10—活塞;11—O形圈;12—制动鼓。

图2-1-16 片式制动器分解图

与片式离合器不同的是,片式制动器的制动鼓不是一个独立组件,而是固定在变速器壳体上,或其本身就与变速器壳体制作为一体。

2. 带式制动器的结构与工作原理

带式制动器主要由制动鼓、制动带、活塞、推杆、调整螺钉、弹簧等组成,如图2-1-17所示。

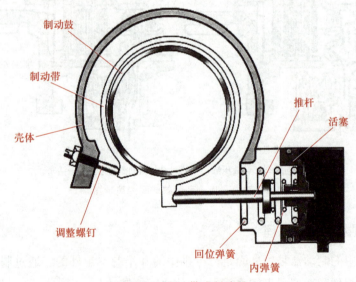

图2-1-17 带式制动器

制动鼓与行星排的某一组件连接在一起(多为与行星排组件相连的离合器的外圆柱面连接在一起),并随该组件一起旋转。制动带的内表面有一层摩擦系数较高的摩擦衬片。

制动带的一端用销子或调整螺钉与变速器壳体上的制动带支架相连,另一端与油缸活塞上的推杆相连。油缸的缸体和变速器壳体是一体的。

制动时,液压油进入活塞腔,克服油压和回位弹簧的作用力推动活塞移动,制动带以固定支座为支点收紧,在制动力矩的作用下制动鼓停止旋转,行星齿轮机构某组件被锁止。随着油压泄除,活塞逐渐回位,制动解除。

(四) 单向离合器的结构与工作原理

单向离合器在液力变矩器和行星排中均有应用。在行星排中,单向离合器用来锁止某一个组件的某个转向。单向离合器同时还具有固连作用,当与之相连的组件的受力方向与锁止方向相同时,该组件即被固连,即被锁止;当组件的受力方向与锁止方向相反时,该组件即被释放。单向离合器的锁止和释放完全由与之相连组件的受力方向来控制。

常见的单向离合器有滚柱式和楔块式两种。

1. 滚柱式单向离合器的结构与工作原理

滚柱式单向离合器由内环、外环、滚柱和滚柱弹簧组成,其结构简图如图 2-1-18 所示。内环通过内花键与行星排的某个组件相连,外环通过外花键与行星排的另一个组件或变速器壳体相连。总之,单向离合器的内环和外环,一个连接旋转件而另一个连接固定件,滚柱弹簧安装在外环(或内环)的斜槽内,其弹力将滚柱推向较窄的一端。

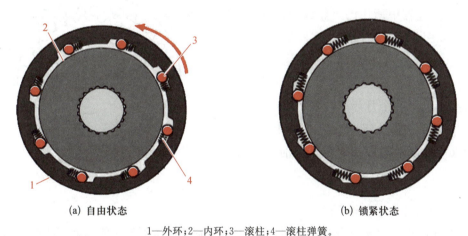

(a) 自由状态　　　　　(b) 锁紧状态

1—外环;2—内环;3—滚柱;4—滚柱弹簧。

图 2-1-18　滚柱式单向离合器的结构简图

2. 楔块式单向离合器的结构与工作原理

楔块式单向离合器的结构简图如图 2-1-19 所示。它的基本结构和滚柱式单向离合器相同,它们的主要区别在于锁紧组件由滚柱变为楔块。因此,在内、外环上没有斜槽,楔块也不像滚柱那样单个安装在斜槽中,而是由保持弹簧(有轴承保持架的功能)将所有楔块连为一体,安装于内、外环之间。

(五) 油泵的结构与工作原理

液压系统的动力源主要是油泵。在自动变速器的液压控制系统中所用的油泵大致有三种类型,即齿轮泵、转子泵、叶片泵。

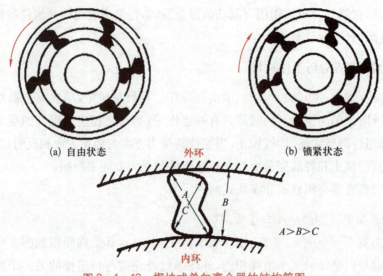

(a) 自由状态　　　　　外环　　　　　(b) 锁紧状态

$A > B > C$

内环

图 2-1-19　楔块式单向离合器的结构简图

1. 齿轮泵的结构与工作原理

在自动变速器中所用的齿轮泵一般是内啮合齿轮泵,如图 2-1-20 所示。这种泵主要由泵体、从动轮(齿圈)、主动轮和导轮轴组成。由于从动轮是一个齿圈且较大,而主动轮是一个较小的外齿轮,所以用一个月牙形隔板把主、从动轮之间的空隙分为两部分(图 2-1-20),其中一腔是进油腔(或称吸油腔),另一腔是压油腔(或称排油腔)。

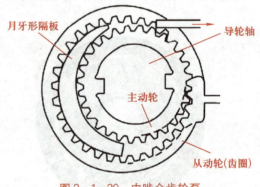

月牙形隔板　　　导轮轴

主动轮

从动轮(齿圈)

图 2-1-20　内啮合齿轮泵

2. 转子泵的结构与工作原理

转子泵实际也是内啮合齿轮泵系列中的一种,但它的齿型不是一般的渐开线而多为摆线,所以又称为摆线转子泵。

转子泵主要由一对内啮合的转子组成。内转子为外齿轮,为主动件;外转子为内齿轮,为从动件。内转子一般比外转子少一个齿,内、外转子之间为偏心安装。内转子的齿廓和外转子的齿廓由一对共轭曲线组成,因此内转子上的齿廓和外转子上的齿廓相啮合就形成了若干密封容腔。

转子泵工作原理图如图 2-1-21 所示。

3. 叶片泵的结构与工作原理

自动变速器中所使用的叶片泵如图 2-1-22 所示,由转子、定子和叶片及端盖等组成。定子具有圆柱形内表面,定子和转子之间存在偏心距 e。叶片装在转子槽中,并可在槽中滑动。

当转子回转时,由于离心力的作用,叶片紧贴在定子内壁上,在定子、转子、叶片和端盖间就形成了若干个密封空间。

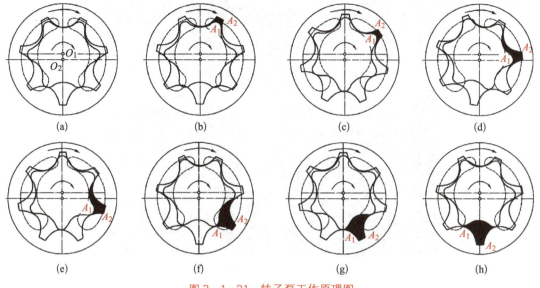

图 2-1-21 转子泵工作原理图

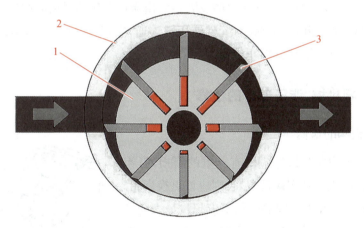

1—转子；2—定子；3—叶片。

图 2-1-22 叶片泵的结构与工作原理图

（六）液压阀的结构与工作原理

自动变速器各种液压阀均安装在阀体上，阀体包括上阀板、下阀板和隔板，阀体结构图如图 2-1-23 所示。

自动变速器中的液压阀主要有手控阀、主调压阀和换挡阀等几种。

手控阀是一种手动操纵的多路换向阀，该阀通过机械装置与换挡杆连接。当换挡杆处于不同位置时，该阀阀芯移动到相应位置，从而接通相应的油路。

自动变速器中的主调压阀的作用与液压系统中的溢流阀相似，它可调节自动变速器液压控制系统主油路的压力和流量。这种主调压阀采用阶梯式滑阀，它可以根据来自液压控制系

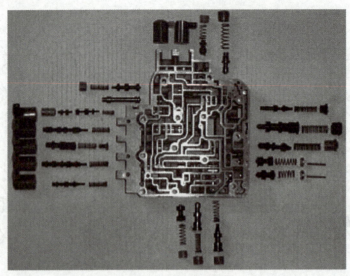

图 2-1-23　阀体结构图

统中其他几个控制阀的反馈油压的变化来改变所调节的主油路油压的大小。

换挡阀的作用是控制换挡元件油路的通断。它由换挡电磁阀提供的控制油压控制其滑阀移动,将主油路与需要工作的换挡执行元件液压缸连通,实现接合或制动,与此同时将不工作的换挡执行元件压力泄除,使其停止工作。

二、自动变速器机械、液压部分的检修

(一) 行星齿轮机构的检修

① 行星齿轮机构中各齿轮应没有严重的磨损,且齿面质量应良好,没有点蚀和剥落现象,否则应该更换齿轮。

② 行星齿轮与行星架之间的间隙不应超过最大允许值,否则可以通过加垫片的方法进行调整,如图 2-1-24所示。

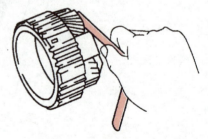

③ 行星齿轮与行星齿轮轴之间的径向间隙不应超过最大允许值,如果间隙过大,则应调整或更换。

图 2-1-24　行星齿轮与行星架间隙的检查

(二) 离合器的检修

湿式多片离合器的常见损坏形式有摩擦片过度磨损,自由间隙过大,摩擦片烧毁,钢片高温发蓝,钢片翘曲,活塞密封圈损坏,快速泄压球泄压等。分解活塞与油缸时,可用压缩空气将活塞吹出。检修离合器时应主要完成以下事项:

① 观察离合器摩擦片表面的质量,如有烧焦、严重磨损或变形,应更换。用游标卡尺检查摩擦片的厚度,如果单片厚度不符合要求,需更换。有些车辆的技术规范要求,如果摩擦片表面的字符被磨掉就需更换。离合器摩擦片的检查如图 2-1-25所示。

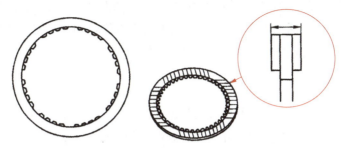

图 2-1-25　离合器摩擦片的检查

② 在平板上检查钢片和挡圈的平面度,如有严重磨损或变形,应更换。

③ 检查离合器油缸与活塞的工作表面,如有损伤、毛刺,应检修或更换。

④ 如图 2-1-26 所示,用压缩空气检查离合器活塞上的快速泄压球的密封是否良好,如有漏气需更换。

装配离合器时要注意以下事项:

① 更换所有的密封圈,并在所有的零件上涂抹液压油。

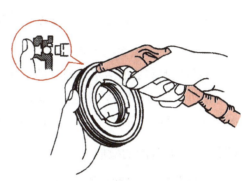

图 2-1-26　检查离合器活塞上的快速泄压球的密封性

② 将新的摩擦片在液压油中浸泡 15 min 以上。

③ 让挡圈有台阶的一面朝向卡簧,平整的一面与摩擦片接触。

④ 如果有碟形弹簧,应使碟形弹簧凸起的一面与活塞直接接触。

⑤ 装配时,选用不同厚度的钢片或挡圈来调整离合器的自由间隙,并用塞尺测量,根据各离合器中钢片与摩擦片总数的不同,自由间隙的范围一般在 0.5～2 mm 之间,如图 2-1-27 所示。

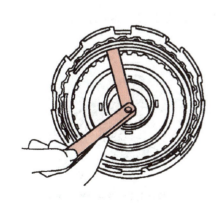

图 2-1-27　离合器自由间隙的检查

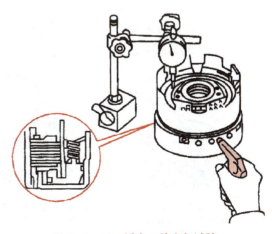

图 2-1-28　活塞压缩空气试验

⑥ 离合器装配完成后,应进行活塞压缩空气试验,如图 2-1-28 所示,即用压缩空气(压力为 400~500 kPa)检查活塞工作是否正常,如果活塞不能将钢片与摩擦片压紧,则需进一步检查活塞的漏气部位,调整离合器的自由间隙,待修复后再试验。

(三) 制动器的检修

对于湿式多片式制动器,因其结构及工作原理与湿式多片式离合器一样,检查和处理的方法可参见离合器的检修方法,这里只介绍带式制动器的检修方法。

1. 制动带的检查

制动带的工作表面应没有烧损与剥落,且表面字符应没有被磨掉,否则应更换。

2. 液压伺服装置的检查

液压伺服装置的活塞与油缸的工作表面应没有划痕,密封圈应完好无损,回位弹簧应完好,用 400~500 kPa 的压缩空气做加压试验。加压时,活塞顶杆有足够的移动距离,且没有泄漏声;减压时,活塞回位自如。否则,应视情检修或更换。

(四) 单向离合器的检修

检查单向离合器时,固定单向离合器的一个组件,另外一个组件如果朝一个方向可以自由旋转,而朝另一个方向锁止不转,则表明该单向离合器正常。由于固定不同的组件,转动的效果刚好相反,所以在装配时要特别注意单向离合器的方向。

有些单向离合器,轻轻转动时锁止不转,但用力转动时,则会打滑,检查时要特别注意。经检查后发现单向离合器朝两个方向都能转动或朝两个方向都不能转动,则表明该组件已损坏,需更换。

(五) 油泵的检修

油泵的主要损坏形式是过度磨损造成泵油压力过低,或密封圈过度磨损造成严重泄压。检修油泵时,主要是检查其表面质量与磨损间隙。

① 用塞尺检查油泵从动轮外圆与油泵壳体之间的间隙,如图 2-1-29a 所示,一般间隙应小于 0.3 mm。如果超出,则需更换油泵。

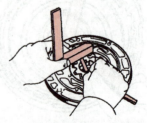

(a) 检查油泵从动轮外圆　　　(b) 检查主动轮及从动轮的齿顶　　　(c) 检查主动轮及从动轮的端面
与油泵壳体之间的间隙　　　　与月牙形隔板之间的间隙　　　　　与油泵壳体平面之间的间隙

图 2-1-29　油泵的间隙检查

② 用塞尺检查主动轮及从动轮的齿顶与月牙形隔板之间的间隙,如图 2-1-29b 所示,一般间隙应小于 0.3 mm。如果超出,则需更换油泵。

③ 用塞尺检查主动轮及从动轮的端面与油泵壳体平面之间的间隙,如图 2-1-29c 所示,一般间隙应小于 0.1 mm。如果超出,会造成严重的泄压,需更换油泵。

④ 检查主、从动轮的端面与油泵体、油泵盖接触面的磨损情况,如果出现较严重的拉毛现象,则应更换油泵。

(六) 液压阀的检修

液压阀板中的各个阀都是精密偶件,它的工作性能的好坏直接影响变速器的使用性能,如果没有专业技术,千万不要将阀解体。并非每次检修自动变速器都要将阀解体,只有在自动变速器换挡规律失常、摩擦片严重烧毁、液压油发黑、阀板内发现有摩擦粉屑时,才需拆检、清洗阀体。清洗阀体时一般使用煤油或工业汽油,在具体操作时,要求非常小心谨慎,并要注意以下几项:

① 将上、下阀板分开时,为了防止阀板油道内的单向阀钢球脱落,应将隔板与上阀板一同拿起。同时将上阀板油道一面朝上放置后,再取下隔板和上阀板油道内的所有单向阀钢球,同时记录下钢球的大小和位置,以防止装配时装错。

② 拆卸、清洗各阀体时,要求仔细检查各个阀的工作面是否光洁,必要时可以用细砂纸轻轻打磨;拆洗完一个,就装配一个,以免各个阀体之间的元件混淆。要注意阀的方向,一旦装反,将影响整个液压控制系统的正常工作。

③ 如果液压阀拆不出来,可用木槌或橡胶锤敲击阀板,将阀振动出来。切不可用螺丝刀硬撬或用铁丝、钳子伸入阀孔中去取,以免损坏阀孔内径和阀的工作面。

④ 用煤油或工业汽油清洗阀体后,可用压缩空气吹干,不允许用棉布或毛巾擦拭,以免细小的纤维卡住阀体;装配阀体时要抹上液压油,严禁使用密封胶。装配完成后,用小螺丝刀轻轻拨阀体的端面(非工作面),阀体应能在阀孔中活动自如,否则应重新清洗或打磨。

⑤ 更换新的隔板衬垫时,要将新、旧衬垫进行仔细的比较,确认无误后方可使用;装配时还要保证将隔板与其两侧衬垫的所有孔对齐,并要注意单向阀钢球不能脱落及装错位置。

⑥ 蓄压器活塞的密封圈应良好,弹簧应没有折断,否则应更换。

⑦ 用螺栓固定阀板时,要按规范进行,注意螺栓的长度、拧紧的力矩、装配的顺序等。

故障排除

经分解检查发现,1~3挡离合器摩擦片烧损变黑,而且钢片也有不同程度的烧伤,这就是该车不能前行的直接原因。进一步分析为什么离合器烧损这么严重,分解活塞时发现,活塞封唇已经破损,本应非常光滑的密封面已被锈蚀,因此应一起更换活塞和摩擦片。

更换 1~3 挡离合器摩擦片和活塞,同时彻底清洗液力变矩器和阀体总成后,故障排除。

任务 4　自动变速器电子控制系统的检修

故障案例

一辆汽车在行驶中自动变速器出现突然降挡现象,降挡后发动机转速升高,并产生换挡冲击。

案例分析

汽车出现这种故障,可能的原因有以下几点:
① 节气门位置传感器故障。
② 车速传感器故障。
③ 电子控制系统电路故障。
④ 换挡电磁阀接触不良。
⑤ 电子控制单元故障。
因此,要排除该故障主要考虑对变速器的电子控制系统进行检修。

知识链接

一、自动变速器电子控制系统的组成与工作原理

自动变速器电子控制系统由各种传感器、控制开关、电子控制单元(ECU)和执行器组成。

(一) 传感器

传感器的作用是将自动变速器及发动机的各种运行参数转变为电信号传给电子控制单元,主要包括节气门位置传感器、转速传感器和液压油温度传感器等。

1. 节气门位置传感器

节气门位置传感器安装在节气门体上,随着节气门开度的变化和节气门轴的转动带动该传感器内的电刷滑动或导向凸轮转动,将节气门打开的角度信号转换成电信号送到 ECU。节气门位置传感器一方面用来检测节气门打开的角度,作为发动机负荷大小的参考信号;另一方面反应节气门开度变化的速度,以便反映驾驶员的驾车意图。对于自动变速器的电子控制系统来说,节气门位置传感器主要用于检测节气门的开度,反映发动机的负荷大小,作为换挡时刻控制的一个重要信号。

装有电子控制自动变速器的汽车基本上都采用线性输出的节气门位置传感器,其结构如图 2-1-30 所示。传感器有两个与节气门联动的可动电刷触点。一个触点可在电阻体上滑动,利用变化的电阻值测得与节气门开度对应的线性输出电压,根据输出的电压值,ECU 即可

感知节气门的开度。传感器的电源输入端子 VC 上有来自 ECU 的 5 V 电源电压,信号端子 VTA 的电压作为反映节气门开度的信号电压输入 ECU。另一个电刷触点在节气门全关闭时与怠速触点 IDL 接触。IDL 触点信号主要用于判断发动机是否在怠速工况,以及在行车过程中用于断油控制的点火提前角的修正。

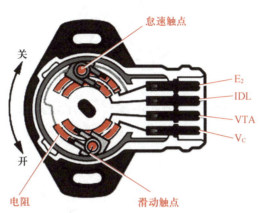

图 2-1-30　节气门位置传感器的结构

视频

节气门位置
传感器检测

动画

霍尔式节气门
位置传感器

　　汽车发动机的节气门是由驾驶员通过加速踏板来控制的,以便根据不同的行驶条件控制发动机的运转。例如,上坡或加速时节气门开度要大,而下坡或等速行驶时,节气门开度要小,这些不同的行驶条件对汽车自动变速器换挡规律的要求往往有很大的不同,电子控制自动变速器是利用安装在发动机节气门体上的节气门位置传感器,作为 ECU 控制自动变速器挡位变换的依据,从而使自动变速器的换挡规律在任何使用条件下都能满足汽车的使用要求。

2. 转速传感器

　　自动变速器接收的转速信号包括发动机转速信号和变速器内部输入轴/中间轴的转速信号。用于采集转速信号的转速传感器除了安装位置不同,它们的工作原理是相同的。转速传感器安装于行星齿轮变速器的输入轴或与输入轴连接的离合器鼓附近的壳体上,它可检测输入轴转速并将其转变为电信号传给 ECU,从而使 ECU 更精确地控制换挡过程。此外,ECU 还将该信号和来自发动机控制系统的发动机转速信号进行比较,计算出液力变矩器的传动比,使油路压力控制过程和锁止离合器的控制过程得到进一步优化,以改善换挡品质,提高汽车的行驶性能。

　　电磁感应式转速传感器是目前最常见的类型,它是利用永久磁铁及绕在永久磁铁上的电磁感应线圈之间的电磁感应原理制成的。如图 2-1-31 所示,传感器由信号轮和传感器头组成,信号轮上有凸齿,传感器头内有永久磁铁和电磁感应线圈。当信号轮旋转时,凸齿不断靠近和远离传感器头,使电磁感应线圈的磁通量发生改变,从而产生交变的感应电压,ECU 根据感应电压的脉冲频率检测出汽车车速。

动画

电磁感应
传感器

　　转速传感器除了电磁感应式以外,常见的还有霍尔式和光电式等类型。

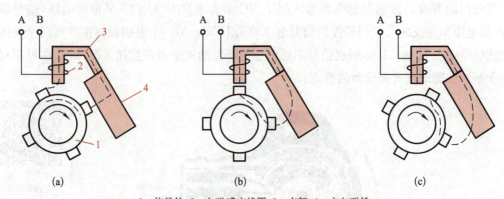

1—信号轮；2—电磁感应线圈；3—支架；4—永久磁铁。

图 2-1-31 电磁感应式转速传感器的结构及工作原理

3. 液压油温度传感器

液压油温度传感器用于监测自动变速器液压油的温度，并将自动变速器液压油温度及时传给 ECU，供 ECU 根据变速器液压油温度来决定换挡点和是否控制变矩器离合器锁止。液压油温度传感器安装在自动变速器油底壳内的阀体上。液压油温度传感器是用负温度系数的热敏电阻制成的。

（二）控制开关

在自动变速器中控制开关也起到重要的作用。控制开关包括挡位开关、超速挡开关、制动开关、强制降挡开关、模式选择开关、巡航控制开关等。

1. 挡位开关

挡位开关装在变速器壳体的手动阀摇臂轴或换挡杆上，由换挡杆进行控制，相应的挡位显示在仪表板上。挡位开关由几个触点组成，当换挡杆置于不同的位置时，接通相应的触点，ECU 根据被接通的触点测得换挡杆的位置，以便按不同的程序控制自动变速器的工作。

2. 超速挡开关

超速挡开关通常安装在自动变速器换挡杆上，其安装位置及连接电路如图 2-1-32 所

图 2-1-32 超速挡开关的安装位置及连接电路

示,用于控制自动变速器的超速挡。如果超速挡开关打开,变速器换挡杆又处于 D 挡位,则自动变速器随着车速的提高而升挡时,最高可升到超速挡;而开关关闭时,无论车速怎样高,自动变速器都不能升至超速挡。

在驾驶室仪表板上,有"O/D OFF"指示灯显示超速挡开关的状态。当超速挡开关打开时,"O/D OFF"指示灯熄灭;当超速挡开关关闭时,"O/D OFF"指示灯随之亮起。

3. 制动开关

制动开关安装在制动踏板支架上,踩下制动踏板时开关接通,通知变速器 ECU 使汽车制动,断开变矩器锁止离合器,同时点亮制动灯;还可以防止当驱动轮制动抱死时,发动机突然熄火。制动开关的安装位置及连接电路如图 2-1-33 所示。

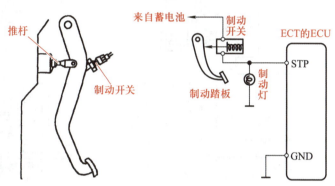

图 2-1-33　制动开关的安装位置及连接电路

4. 强制降挡开关

强制降挡开关安装在油门踏板下方,有些采用电子节气门的车型,强制降挡开关被集成在加速踏板传感器中。当踩下油门踏板并使节气门达到全开位置时,强制降挡开关接通并向ECU 发送信号,此时 ECU 按照急加速的程序控制换挡,一般在车速还不是很高情况下,ECU会使变速器降一挡,以便车辆的加速性能更好。

(三) 执行器

电磁阀是自动变速器电子控制系统的执行元件,它们通常安装在阀体上,也有的安装在变速器壳体上,如本田轿车的自动变速器。自动变速器电子控制系统的内容和范围对于不同的车型有所不同,因此电磁阀的个数和电磁阀的作用也不同。电磁阀的个数通常在 3~6 个之间,按其结构原理分类可分为两种:开关型电磁阀和线性电磁阀;按作用不同可以分为三种:换挡电磁阀、锁止电磁阀和调压电磁阀。

开关型电磁阀的结构如图 2-1-34 所示,由电磁线圈、针阀和泄油孔等组成,其作用是开启和关闭自动变速器油路。当 ECU 不向电磁阀通电时,油压使针阀芯轴向上运动,此时泄油孔打开,从节流孔阀来到电磁阀的油压被卸压;当 ECU 向电磁阀通电时,电磁线圈通电产生的磁吸力使针阀芯轴向下运动,针阀关闭泄油孔,从节流孔阀来的油压被保持。即当电磁阀通电时油路保持油压,当电磁阀断电时油路卸压。以此方式工作的开关型电磁阀使用于马自达等车型中。更多车型使用的开关型电磁阀如图 2-1-34b、c 所示,其工作方式是电磁阀通电时油路卸压,电磁阀断电时油路保持油压。

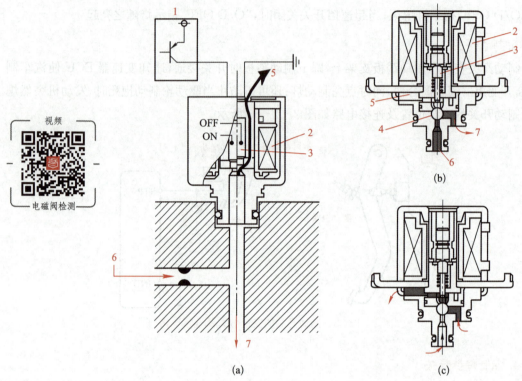

1—ECU;2—电磁线圈;3—衔铁和阀芯;4—针阀;5—泄油孔;6—主油道;7—控制油道。

图 2-1-34 开关型电磁阀结构图

开关型电磁阀常被用来作为换挡控制电磁阀、锁定控制电磁阀、超速离合器电磁阀和 O/D 挡控制电磁阀等。

脉冲线性电磁阀的结构与开关型电磁阀相似,由电磁线圈、衔铁、阀芯或滑阀等组成,如图 2-1-35 所示。脉冲线性电磁阀可以在一个周期中自由地控制通电与断电的比率(0%～100%),用一定的频率(一般为 50 Hz)重复通电与断电,不断打开和关闭泄油孔,把控制液压阀的压力调至规定值。当电磁线圈通电时,电磁力使阀芯或滑阀开启,液压油经泄油孔排出,油路压力随之下降;当电磁线圈断电时,阀芯或滑阀在弹簧力的作用下将泄油孔关闭,使油路压力上升。即通电时卸压,断电时保持油压。这样通电与断电的比率越低,控制压力越高,从而系统油路压力也越高。

脉冲线性电磁阀一般安装在主油路或减振器背压油路中,在变速器自动升挡及降挡瞬间或在锁止离合器锁止及解除锁止动作开始时使油压下降,以降低换挡和锁止、解锁时的冲击,使车辆行驶更平稳。

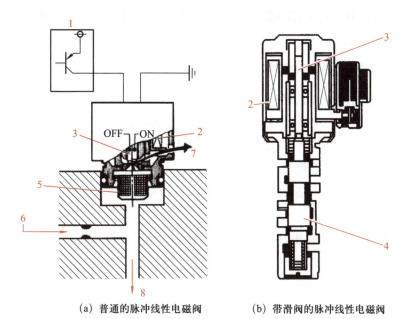

(a) 普通的脉冲线性电磁阀　　**(b) 带滑阀的脉冲线性电磁阀**

1—ECU；2—电磁线圈；3—衔铁和阀芯；4—滑阀；5—滤网；6—主油道；7—泄油孔；8—控制油道。

图 2 - 1 - 35　脉冲线性电磁阀结构图

二、自动变速器电子控制系统的检修

(一) 节气门位置传感器的检修

节气门位置传感器的检测方法如下：

① 打开点火开关，用电压表检查 VC 端子是否有电源电压输入，否则应查找供电回路。

② 关闭点火开关，拔下节气门位置传感器插头，用欧姆表分别测量接地触点 1 与怠速触点 IDL、E_2 与信号端子 VTA、E_2 与电源输入触点 VC 之间的阻值，当节气门全关、全开及在其他开度时的电阻值，然后与有关资料对比。

③ 观察节气门位置传感器 E_2 与 VTA 之间的电阻值在节气门由全关到全开过程中是否呈线性变化。

节气门位置传感器的调整方法如下：

① 关闭点火开关，退回节气门开度调整螺钉，松开节气门拉线，使节气门在自由状态下处于关闭位置，然后再将节气门拉线在自由状态下与节气门轴连接起来。

② 拧回节气门开度调整螺钉，使其刚好与节气门开度限位挡片接触，然后在螺钉与挡片间插上 0.3 mm 的塞尺，使节气门微开。

③ 松开节气门位置传感器的固定螺钉，逆时针慢慢旋转节气门位置传感器，并用万用表欧姆挡测量怠速开关的导通情况，此时怠速开关应断开；然后再慢慢顺时针旋转节气门位置传感器，至其怠速开关刚刚接通为止，然后紧固固定螺钉。

④ 起动发动机,温度正常后调整怠速,若发动机怠速运转平稳,且收、加油门时工作正常,过渡平顺,则调整结束。

(二) 电磁感应式转速传感器的检修

电磁感应式转速传感器的检测方法:

① 关闭点火开关,检查信号轮的凸齿与铁心之间的间隙,其气隙一般为 0.2~0.5 mm。

② 检测拾波线圈的电阻值。检测时应关闭点火开关,拔下传感器插头,用万用表测量拾波线圈的电阻值,然后与规定值对比。

③ 关闭点火开关,拔下传感器插头,用电压表测量拾波线圈的电压。当转动分电机时,应有脉冲信号产生。

④ 拔下中央高压线,使其距缸体 5~10 mm,取下分电器,打开点火开关,用手快速转动分电器轴,此时中央高压线应跳火。

(三) 温度传感器的检测

检测温度传感器的主要内容是检测输入的电源电压值及温度传感器在各种温度下的电阻值和输出的电压值。温度传感器可按以下方法进行检测:

① 拔下传感器插头,打开点火开关,用电压表测量如图 2-1-36 所示的冷却液温度传感器电路原理图中的 20 号电源输入端子的电压值,然后与有关资料进行对比,此值一般为 5 V。

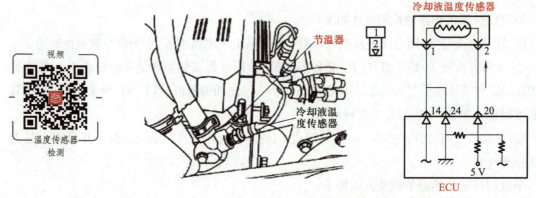

图 2-1-36 冷却液温度传感器电路原理图

② 起动发动机,在发动机各种温度下用电压表测量 20 号端子与搭铁端子间的电压值,将此值与标准值进行对比。

③ 关闭点火开关,拔下温度传感器插头,用欧姆表测量温度传感器在各种温度下的电阻值,然后与有关资料进行对比。

④ 检查温度传感器回路是否有断路、接触不良或短路故障。

(四) 电磁阀的检修

① 拆下电磁阀的连接插头,用万用表的电阻挡测量电磁阀的电阻,测量结果应该在标准值范围内。一般开关型电磁阀的电阻为十几欧,脉宽调制型电磁阀的电阻为几欧。

注意:对于单线的电磁阀,其引线是电源线,负极则通过电磁阀壳体与变速器壳体搭铁;对于双线的电磁阀,两个引线分别是电源线与搭铁线。

② 拆下电磁阀的连接插头,根据电路图注明的颜色找到对应各电磁阀的连接线,给电磁阀间断性地接 12 V 电压,应该听到变速器内有"嗒嗒"声。

③ 接上故障诊断仪,打开点火开关,用故障诊断仪的元件执行功能测试电磁阀的工作情况,应该听到变速器内电磁阀有"嗒嗒"的动作声。

④ 解体后取下电磁阀,外接 12 V 电源的正、负极,间断性地供电,同时用嘴吹电磁阀的泄压口,泄压口的通、断状态应交替变化。

如果以上测试结果不符合要求,则应视情进行检修、清洗或更换。

故障排除

首先检测节气门位置传感器的信号,结果显示正常;然后检测转速传感器的电压信号,结果显示正常;最后拆下变速箱的油底壳,检查电磁阀连接线路端子的接触情况,发现 D3 和 D4 挡电磁阀信号控制线接触不良。

拆下电磁阀,用焊锡把控制线和电磁阀焊接牢固,安装油底壳,按规定加入液压油,故障排除。

电控制动安全系统检修

知识目标

1. 掌握汽车制动与驱动基本理论。
2. 掌握 ABS 的基本组成与工作原理。
3. 掌握 ASR 的基本组成与工作原理。

能力目标

1. 能够正确地对 ABS 进行检修。
2. 能够正确地对 ASR 进行检修。

任务 1 防抱死制动系统(ABS)的检修

故障案例

一辆上海别克轿车仪表板上的 ABS 故障警告灯点亮, ABS 不起作用, 出现制动抱死现象。

案例分析

由于仪表板上的 ABS 故障警告灯点亮, 说明 ABS 电脑记录有故障代码。因此, 要排除此故障主要考虑对 ABS 进行检修。

动画

ABS工作
原理

知识链接

一、汽车制动基本理论

当对行驶中的车辆进行适当制动时,如果制动力左右对称,则车辆能够在行驶方向上停下来。但当左、右制动力不对称时,就会产生车辆绕重心旋转的力矩。此时,如果轮胎与地面的侧向反力能阻止旋转力矩的作用,则车辆仍能保持直线行驶;如果轮胎与地面的侧向反力很小,则车辆就有可能出现如图 2-2-1 所示的不规则运动。

如图 2-2-1a 所示,当车辆直线行驶车轮抱死时,车辆出现了制动跑偏或甩尾侧滑的现象。如图 2-2-1b 所示,当车辆弯道行驶仅前轮抱死时,车辆出现了失去转向能力的现象。如图 2-2-1c 所示,当车辆弯道行驶仅后轮抱死时,车辆出现了甩尾侧滑的现象。

(a) 车辆直线行驶车轮抱死时　(b) 车辆弯道行驶仅前轮抱死时　(c) 车辆弯道行驶仅后轮抱死时

图 2-2-1　车轮抱死后车辆的不规则运动

二、制动时的车轮受力

(一) 地面制动力(F_B)

图 2-2-2 所示为汽车在良好路面上制动时车轮的受力情况,图中忽略了滚动阻力矩和减速时的惯性力矩。

汽车制动时,由于制动鼓(盘)与制动蹄摩擦片之间的摩擦作用,形成了摩擦力矩 T_μ,此力矩与车轮转动方向相反。车轮在 T_μ 的作用下给地面一个向前的作用力,与此同时地面给车轮一个与行驶方向相反的切向反作用力 F_B,这个力就是地面制动力,它是迫使汽车减速或停车的外力。

提示：地面制动力的大小取决于制动器制动力的大小及轮胎与地面之间的附着力。

(二) 制动器制动力(F_μ)

当汽车制动时,阻止车轮转动的是制动器摩擦力矩 T_μ,将制动器摩擦力矩 T_μ 转化为沿车轮周缘的一个切向力,称其为制动器制动力 F_μ。

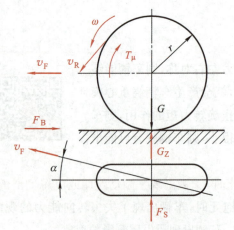

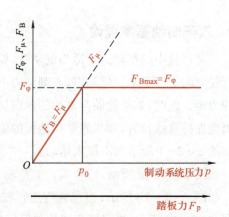

T_μ—制动中的摩擦力矩；v_F—汽车瞬时速度；
F_B—地面制动力；G—车轮垂直载荷；
G_Z—地面对车轮的反作用力；r—车轮的滚动半径；
v_R—车轮的圆周速度；F_S—侧向力；
ω—车轮滚动的角速度；α—侧偏角。

图 2-2-2　汽车在良好路面上制动
时车轮的受力情况

图 2-2-3　不考虑制动过程中附着系数
变化的地面制动力、制动器
制动力和附着力的关系

提示：制动器制动力是由制动器的结构参数决定的，并与制动踏板力成正比。

(三) 地面制动力(F_B)、制动器制动力(F_μ)和附着力(F_φ)的关系

图 2-2-3 所示为不考虑制动过程中附着系数变化的地面制动力、制动器制动力和附着力的关系。在制动过程中，车轮的运动只有减速滚动和抱死滑移两种状态。当驾驶员踩制动踏板的力较小时，制动摩擦力矩较小，车轮只作减速滚动，并且随着摩擦力矩的增加，地面制动力和制动器制动力也随之增长，且在车轮未抱死前地面制动力始终等于制动器制动力。此时，制动器制动力可全部转化为地面制动力，但地面制动力不可能超过附着力。

当制动系液压力（制动踏板力）增大到某一值时，地面制动力等于附着力，即地面制动力达到最大值。此时，车轮开始抱死不转而出现拖滑的现象。当再加大制动系液压力时，制动器制动力随着制动器摩擦力矩的增长仍按线性关系继续上升，但是地面制动力已不再随制动器制动力的增加而增加。

要想获得好的制动效果，必须同时具备两个条件，即汽车具有足够的制动器制动力，同时又要有附着系数较高的路面提供足够的地面制动力。

提示：影响附着系数的因素很多，如路面的状况、轮胎的花纹、车辆的行驶速度、轮胎与路面的运动状态等。在这些因素中，车轮相对于路面的运动状态对附着力有着重要的影响，特别是在湿路面上其影响更为明显。

三、滑移率

(一) 滑移率的定义

汽车匀速行驶时,汽车的实际车速与车轮滚动的圆周速度(也称车轮速度)是相同的。在驾驶员踩制动踏板时,车轮滚动的圆周速度(轮胎胎面在路面上移动的速度)也随之降低了,但由于汽车自身的惯性,汽车的实际车速与车轮滚动的圆周速度不再相等,将产生一个速度差。此时,轮胎与路面之间产生相对滑移现象,其滑移程度用滑移率表示。

滑移率是指车轮在制动过程中滑移成分在车轮纵向运动中所占的比例,其表达式为

$$S = \frac{v - \omega r}{v} \times 100\%$$

式中：S ——车轮的滑移率；

$\quad\quad r$ ——车轮的滚动半径；

$\quad\quad \omega$ ——车轮滚动的角速度；

$\quad\quad v$ ——车轮中心的纵向速度。

由上式可知,当汽车的实际车速等于车轮滚动的圆周速度时,滑移率为零,车轮为纯滚动；当汽车制动时,逐渐踩下制动踏板,车轮边滚动边滑动,滑移率在 $0\%\sim100\%$ 之间；当制动踏板完全踩到底,车轮处于抱死状态而车身又具有一定的速度时,车轮滚动的圆周速度为零,则滑移率为 100%。

(二) 附着系数与滑移率的关系

大量的实验证明,在汽车的制动过程中,附着系数的大小随着滑移率的变化而变化。图 2-2-4 所示为汽车在干路面上行驶时附着系数与滑移率的关系曲线。对于纵向附着系数 (φ_B),随着滑移率的迅速增加,并在 $S=20\%$ 左右时,纵向附着系数最大；然后随着滑移率的进一步增加,当 $S=100\%$,即车轮抱死时,纵向附着系数有所下降,制动距离会增加,制动效能下降。对于横向附着系数 (φ_A),$S=0$ 时,横向附着系数最大；然后随着滑移率的增加,横向附着系数逐渐下降,并在 $S=100\%$,即车轮抱死时横向附着系数下降为零左右。此时车轮将完全丧失抵抗外界侧向力作用的能力,稍有侧向力干扰(如路面不平产生的侧向力、汽车重力产生的侧向分力、侧向风力等),汽车就会产生侧滑而失去稳定性；而转向轮抱死后将失去转向能力。因此,车轮抱死将导致制动时汽车的方向稳定性变差。

从以上分析可知,制动时车轮抱死,制动效能和制动方向稳定性都将变坏。而如果制动时将车轮的滑移率 S 控制在 $15\%\sim30\%$,即如图 2-2-4 所示的 S_{opt} 处(此时纵向附着系数最大)可得到最好的制动效能；同时横向附着系数也保持较大值,使汽车也具有较好的制动方向稳定性。

在汽车的制动过程中,若能将滑移率控制在最大附着系数所对应的滑移率范围,汽车将处

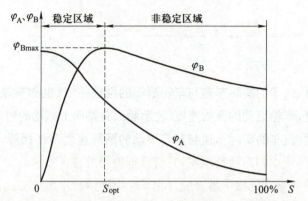

图 2-2-4 汽车在干路面上行驶时附着系数与滑移率的关系曲线

于最佳制动状态。但如何才能控制滑移率呢?

要控制滑移率就要对作用于车轮上的力矩进行瞬时的自适应调节。防抱死制动系统(ABS)就是通过电子控制单元、车轮转速传感器和制动压力调节器,对作用于制动轮缸的制动液压力进行瞬时的自动控制(约 10 次/s),从而控制制动车轮上的制动器压力,使制动车轮尽可能保持在最佳的滑移率范围内运动,从而使汽车的实际制动过程接近于最佳制动状态。

四、汽车驱动基本理论

汽车在驱动过程中,驱动车轮可能相对于路面发生滑转。滑转成分在车轮纵向运动中所占的比例称为驱动车轮的滑转率,其表达式为

$$S_v = \frac{r\omega - v}{r\omega} \times 100\%$$

式中:S_v——车轮的滑转率;

r——车轮的滚动半径;

ω——车轮滚动的角速度;

v——车轮中心的纵向速度。

当车轮在路面上自由滚动时,车轮中心的纵向速度完全是由于车轮滚动产生的,此时 $v = r\omega$,滑转率 $S_A = 0$;当车轮在路面上完全滑转(即汽车原地不动,而驱动轮的圆周速度不为 0)时,车轮中心的纵向速度 $v = 0$,滑转率 $S_v = 100\%$;当车轮在路面上一边滚动一边滑转时,$0\% < S_A < 100\%$。

与汽车在制动过程中的滑移率相同,在汽车的驱动过程中,车轮与路面间的附着系数的大小随着滑转率的变化而变化。汽车在干路面或湿路面上行驶时,当滑转率在 15%~30% 范围内时,车轮具有最大的纵向附着系数,此时可产生的地面驱动力最大;汽车在雪路或冰路面上行驶时,最佳滑转率在 20%~50% 的范围内。当滑转率为零,即车轮处于纯滚动状态时,其横向附着系数也最大,此时汽车保持转向和防止侧滑的能力最强。随着滑转率的增加,横向附着

系数下降,当滑转率为 100%时,横向附着系数变得极小,轮胎与路面之间的横向附着力接近于零,车轮将完全丧失抵抗外界侧向力作用的能力。

五、ABS 的基本组成与工作原理

ABS 通常由轮速传感器、制动压力调节器、电子控制单元(ECU)和 ABS 警示装置等组成,如图 2-2-5 所示。

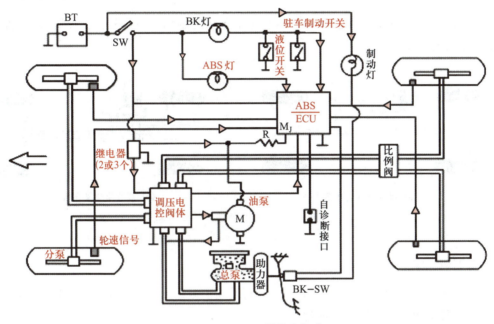

图 2-2-5 ABS 的基本组成

动画

ABS 控制系统结构组成

每个车轮上安装一个轮速传感器,它们将各车轮的转速信号及时地输入 ECU。ECU 是 ABS 的控制中心,它根据各个车轮轮速传感器输入的信号对各个车轮的运动状态进行监测和判定,并形成响应的控制指令,再适时发出控制指令给制动压力调节器。制动压力调节器是 ABS 的执行器,它是由调压电磁阀总成、电动泵总成和储液器罐组成的一个独立整体,并通过制动管路与制动主缸和各制动轮缸相连,制动压力调节器受 ECU 的控制,对各制动轮缸的制动压力进行调节。ABS 警示装置包括仪表板上的制动警告灯和 ABS 故障警告灯。制动警告灯为红色,通常用"BRAKE"作为标识,由制动液液面开关、手制动开关及制动液压力开关并联控制;ABS 故障警告灯为黄色,由 ABS 电子控制单元控制,通常用"ABS"或"ANTILOCK"作为标识。ABS 具有失效保护和自诊断功能,当电子控制单元监测到系统出现故障时,将自动关闭 ABS,仅保留常规制动系统,同时存储故障信息,并将 ABS 故障警告灯点亮,提示驾驶员尽快进行维修。

ABS 按照控制通道数可分为四通道、三通道、二通道和一通道四种,根据传感器数可分为四传感器和三传感器两种。控制通道是指能够独立进行制动压力调节的制动管路。如果一个车轮的制动压力占用一个控制通道，可以进行单独调节，称为独立控制；如果两个车轮的制动压力是一同调节的，称为一同控制。两个车轮一同控制时有两种方式：如果以保证附着系数较小车轮不发生抱死为原则进行制动压力调节，则称这两个车轮按低选原则一同控制；如果以保证附着系数较大车轮不发生抱死为原则进行制动压力调节，则称这两个车轮按高选原则一同控制。

目前汽车上应用较多的为四通道四传感器式 ABS，如图 2-2-6 所示。四通道四传感器式 ABS 在每个车轮都有一个轮速传感器，且每个车轮的制动压力都是独立控制的，这种形式的 ABS 制动效果最好。

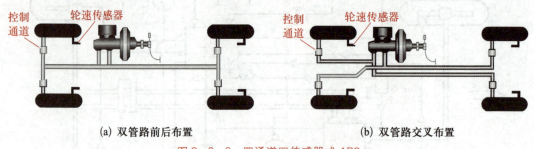

(a) 双管路前后布置　　　　　　　　(b) 双管路交叉布置

图 2-2-6　四通道四传感器式 ABS

(一) 轮速传感器

轮速传感器的作用是检测车轮的转速，并将转速信号输入电子控制单元。目前，常用的轮速传感器主要有电磁式和霍尔式两种。

1. 电磁式轮速传感器

电磁式轮速传感器主要由齿圈和传感器头两部分组成，如图 2-2-7 所示。轮速传感器在车轮的安装位置如图 2-2-8 所示，其中齿圈一般安装在轮毂或轴座上。

图 2-2-7　电磁式轮速传感器

齿圈随车轮或传动轴一起转动，通常用磁阻很小的铁磁材料制成。传感器头通常由永久磁铁、电磁线圈和极轴等组成，如图 2-2-9 所示，它对应安装在靠近齿圈而又不随齿圈转动

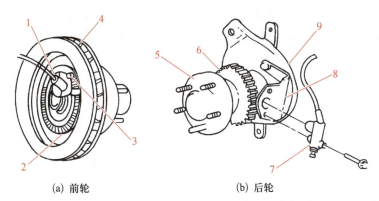

(a) 前轮　　　　　　　　　(b) 后轮

1、7—轮速传感器;2、6—传感器齿圈;3—定位螺钉;4—轮毂;5—半轴;8—传感器支架;9—后制动器连接装置。

图 2-2-8　轮速传感器在车轮的安装位置

的部件上,如转向节、制动底板、驱动轴套管或差速器、变速器壳体等固定件上。传感器头与齿圈的端面有一空气间隙,此间隙一般为 1 mm,通常可通过移动传感器头的位置来调整此间隙。

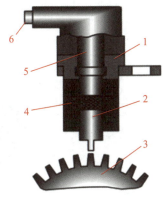

齿圈随车轮旋转,就使传感器头电磁线圈周围的磁场周期性的变化,因此电磁线圈就感应出交变电压信号,交变电压信号的频率与齿圈的齿数和车轮转速成正比,因齿圈的齿数一定,因而轮速传感器输出的交流电压信号频率只与相应的车轮转速成正比。

1—轮速传感器外壳;2—极轴;3—齿圈;4—电磁线圈;5—永久磁铁;6—导线。

图 2-2-9　传感器头的结构

2. 霍尔式轮速传感器

霍尔式轮速传感器也是由传感器头和齿圈组成的。其齿圈的结构及安装方式与电磁式轮速传感器的齿圈相同,其传感器头由永磁体、霍尔元件和电子电路等组成。

霍尔式轮速传感器的工作原理如图 2-2-10 所示,永磁体的磁力线穿过霍尔元件通向齿圈,齿圈相当于一个集磁器。当齿圈位于图 2-2-10a 所示的位置时,穿过霍尔元件的磁

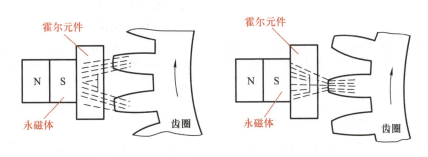

(a) 霍尔元件磁场较弱　　　　　　(b) 霍尔元件磁场较强

图 2-2-10　霍尔式轮速传感器的工作原理

力线分散,磁场相对较弱;当齿圈位于图 2-2-10b 所示的位置时,穿过霍尔元件的磁力线集中,磁场相对较强。齿圈转动时,使得穿过霍尔元件的磁力线密度发生变化,因而引起霍尔元件电压的变化,霍尔元件将输出 1 mV 的准正弦波电压,再由电子电路转化成标准的脉冲电压。

(二) 制动压力调节器

1. 制动压力调节器的结构

图 2-2-11 所示为整体式制动压力调节器分解图,它主要由双腔制动主缸与液压助力器、液压泵、储液罐、蓄能器、电磁阀等组成。

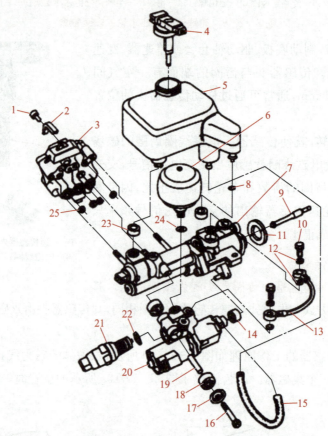

1—固定螺栓;2—储液罐固定架;3—电磁阀;4—组合液位开关;5—储液罐;6—蓄能器;7—制动主缸与液压助力器;
8、12、22、24、25—O 形密封圈;9—制动踏板推杆;10—高压管接头 11—密封圈 13—高压管;14—隔离套;15—回液管;
16—液压泵固定螺栓;17—垫圈;18—隔离套;19—螺栓套筒;20—液压泵;21—组合压力开关;23—密封垫。

图 2-2-11　整体式制动压力调节器分解图

（1）制动主缸与液压助力器

制动主缸与液压助力器为一体,是常规制动系统的液压部件。双腔制动主缸分别向左、右两前轮的制动轮缸提供制动液;而液压助力器一方面向两后轮的制动轮缸提供制动液,另一方面还对双腔制动主缸提供制动助力。

（2）液压泵

液压泵的作用是提高液压制动系统内的制动液压力，为 ABS 正常工作提供基础压力。

液压泵通常是直流电动机和柱塞泵的组合体，其结构如图 2-2-12 所示。其中直流电动机的工作由安装在柱塞泵出液口处的压力控制开关控制。当出液口处的压力低于设定的控制压力(14 000 kPa)时，压力控制开关触点闭合，电动机即通电带动柱塞泵运转，将制动液泵送到蓄能器中；当出液口处的压力高于设定的控制压力时，压力控制开关触点断开，电动机及柱塞泵因断电而停止工作。如此往复，将柱塞泵出液口和蓄能器处的制动液压力控制在设定的标准值之内。

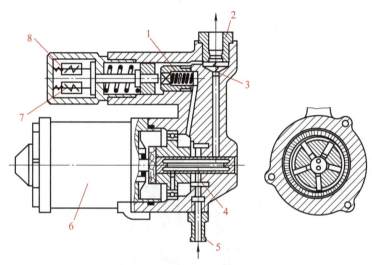

1—限压阀；2—出液口；3—单向阀；4—滤芯；5—进液口；6—直流电动机；7—压力控制开关；8—压力警告开关。

图 2-2-12　液压泵的结构

（3）储液罐和蓄能器

图 2-2-13 所示为常见的活塞—弹簧式储液罐，该储液罐位于电磁阀和液压泵之间，由制动轮缸来的制动液进入储液罐，进而压缩弹簧使储液罐液压腔容积变大，以暂时储存制动液。储液罐的压力较低。

蓄能器的作用是向车轮制动轮缸、制动助力装置供给高压制动液，作为制动能源。如图 2-2-14 所示为气囊式蓄能器，其内部用隔膜分成上、下两个腔室，上腔室充满氮气，下腔室与液压泵的柱塞泵出液口相通，液压泵将制动液泵入蓄能器下腔室，使隔膜上移。蓄能器上腔室的氮气被压缩后产生压力，反过来推动隔膜下移，使下控室制动液在平时始终保持 14 000～18 000 kPa 的压力。在常规制动和防抱死制动系统工作时，蓄能器均可提供较大压力的制动液。

提示：蓄能器中的氮气在平时有较大的压力(8 MPa 左右)，因此禁止拆卸和分解。

（4）电磁阀

电磁阀是制动压力调节器的重要部件。常用的电磁阀为三位三通阀和二位二通阀。

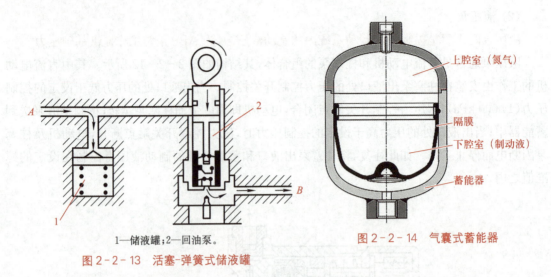

1—储液罐；2—回油泵。

图 2-2-13 活塞-弹簧式储液罐

图 2-2-14 气囊式蓄能器

三位三通电磁阀的结构如图 2-2-15 所示，它主要由阀座、进油阀、卸荷阀、限压阀、弹簧、无磁支承环、电磁线圈等组成。

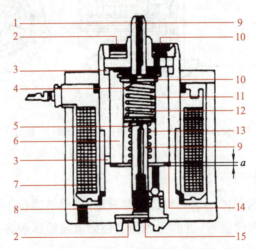

1—回油口接口；2—滤芯；3—无磁支承环；4—卸荷阀；5—进油阀；6—柱塞；7—电磁线圈；8—限压阀；9—阀座；
10—出油口；11—承接盘；12—副弹簧；13—主弹簧；14—凹槽；15—进油口；a—工作行程（工作空气隙）。

图 2-2-15 三位三通电磁阀的结构

三位三通电磁阀的工作原理如图 2-2-16 所示。当电磁线圈中无电流通过时，由于主弹簧弹力大于副弹簧弹力，进油阀被打开，卸荷阀关闭，制动主缸与制动轮缸油路相通；当向电磁线圈输入保持电流（为最大工作电流的一半）时，电磁力使柱塞向上移动一定距离将进油阀关闭，此时电磁力不足以克服两个弹簧的弹力，柱塞便保持在中间位置，卸荷阀仍处于关闭状态（此状态时三孔间相互密封，制动轮缸压力保持一定值）；当电磁线圈中输入最大工作电流时，电磁力足以克服主、副弹簧的弹力使柱塞继续上移将卸荷阀打开，此时制动轮缸通过卸荷阀与储液罐相通，制动轮缸中制动液流入储液罐，压力降低。

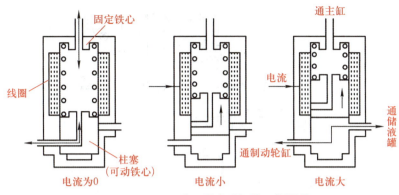

图 2 - 2 - 16 三位三通电磁阀的工作原理

（5）压力控制开关、压力警告开关和液位指示开关

压力控制开关和压力警告开关安装在压力调节器的液压泵一侧。

压力控制开关的作用是监视蓄能器下腔的压力。它由一组触点组成，且独立于 ABS 电子控制单元(ECU)而工作。当液压压力下降到约 14 000 kPa 时，压力控制开关闭合，使液压泵继电器通电，触点闭合，电源通过继电器触点向液压泵直流电动机供电，液压泵工作。

压力警告开关的作用是当压力下降到一定值(14 000 kPa 以下)时，先点亮红色制动系统故障警告灯，紧接着点亮琥珀色或黄色 ABS 故障警告灯，同时 ABS 电子控制单元停止防抱死制动系统的工作。

液位指示开关位于储液罐的盖上。它通常有两对触点，当制动液液面下降到一定程度时，上面的触点闭合，下面的触点打开，此时红色制动系统故障警告灯点亮，它提醒驾驶员要对车辆的制动液进行检查；进而断开的下触点切断了 ABS 电子控制单元的电路，发出使电子控制单元停止防抱死制动控制的信号，同时点亮琥珀色或黄色 ABS 故障警告灯。

2. 制动压力调节器的工作原理

制动压力调节器的作用是在制动时根据 ABS 电子控制单元的控制指令，自动调节制动轮缸制动压力的大小，防止车轮抱死，并处于理想滑移率的状态。根据调压方式不同，制动压力调节器可分为循环式和可变容积式两种。

（1）循环式制动压力调节器

循环式制动压力调节器的结构如图 2 - 2 - 17 所示，它主要由制动踏板机构、制动主缸、回油泵、储液罐、电磁阀、制动轮缸组成，在制动主缸与制动轮缸之间串联一电磁阀，直接控制轮缸的制动压力。

① 常规制动过程

如图 2 - 2 - 18 所示，在常规制动过程中，ABS 不工作，电磁线圈中无电流通过，柱塞在回位弹簧的作用下处于"下端"位置。此时制动主缸与制动轮缸相通，由制动主缸来的制动液直接进入制动轮缸，制动轮缸的压力随制动主缸压力的升高而升高。

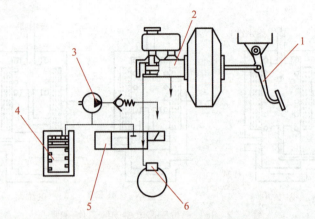

1—制动踏板机构；2—制动主缸；3—回油泵；4—储液罐；5—电磁阀；6—制动轮缸。

图2-2-17 循环式制动压力调节器的结构

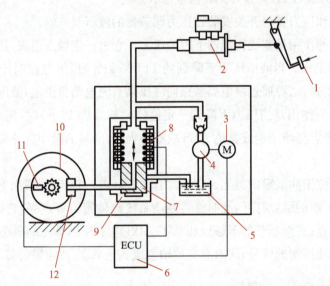

1—制动踏板；2—制动主缸；3—电动机；4—液压泵；5—储液罐；6—电子控制单元；
7—柱塞；8—电磁线圈；9—电磁阀；10—车轮；11—轮速传感器；12—制动轮缸。

图2-2-18 循环式制动压力调节器的常规制动过程

② 保压制动过程

如图2-2-19所示，当电子控制单元向电磁线圈输入一个较小的电流时（约为最大工作电流的1/2），电磁线圈产生较小的电磁力，使柱塞处于"中间"位置。此时制动主缸、制动轮缸和回油孔相互隔离，轮缸中的制动压力保持一定。

③ 减压制动过程

如图2-2-20所示，当电子控制单元向电磁线圈输入一个最大工作电流时，电磁线圈产生更大的电磁力，使柱塞处于"上端"位置。此时柱塞将制动轮缸与回油通路或储液罐接通，制动轮缸中的制动液经电磁阀流入储液罐，制动轮缸压力下降。与此同时，电动机启动，带动液压泵工作，将流回储液罐的制动液输送回制动主缸，为下一个制动周期做好准备。

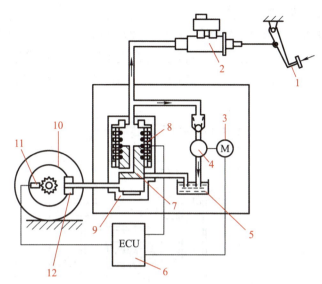

1—制动踏板;2—制动主缸;3—电动机;4—液压泵;5—储液罐;6—电子控制单元;
7—柱塞;8—电磁线圈;9—电磁阀;10—车轮;11—轮速传感器;12—制动轮缸。

图2-2-19　循环式制动压力调节器的保压制动过程

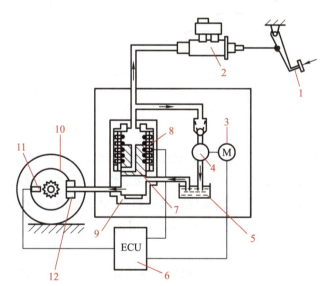

1—制动踏板;2—制动主缸;3—电动机;4—液压泵;5—储液罐;6—电子控制单元;
7—柱塞;8—电磁线圈;9—电磁阀;10—车轮;11—轮速传感器;12—制动轮缸。

图2-2-20　循环式制动压力调节器的减压制动过程

④ 增压制动过程

当制动压力下降后,车轮的转速增大,当电子控制单元检测到车轮转速增大太快时,便切断通往电磁阀的电流,使制动主缸与制动轮缸再次相通,制动主缸的高压制动液再次进入制动轮缸,制动力增加。

制动时上述过程反复进行,直到解除制动为止。

（2）可变容积式制动压力调节器

可变容积式制动压力调节器的结构如图 2－2－21 所示，它主要由电磁阀、控制活塞、液压泵、蓄能器等组成。可变容积式制动压力调节器是在汽车原有的制动管路上增加了一套液压控制装置，用它控制制动管路中制动液容积的增减，从而控制制动压力的变化。

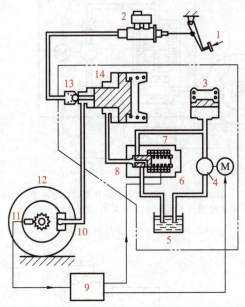

1—制动踏板；2—制动主缸；3—蓄能器；4—液压泵；5—储液罐；6—电磁线圈；7—电磁阀；8—柱塞；
9—电子控制单元；10—制动轮缸；11—轮速传感器；12—车轮；13—单向阀；14—控制活塞。

图 2－2－21　可变容积式制动压力调节器的结构

① 常规制动过程

在常规制动过程中，电磁线圈中无电流流过，柱塞在回位弹簧作用下处于"左端"位置，将控制活塞的工作腔与回油管路接通，控制活塞在弹簧的作用下被推至最左端，活塞顶端推杆将单向阀打开，使制动主缸与制动轮缸的制动管路接通，制动主缸的制动液直接进入制动轮缸，制动轮缸内制动液的压力随制动主缸压力的升高而升高。

② 减压制动过程

如图 2－2－22 所示，当电子控制单元向电磁线圈输入一个大电流时，柱塞在电磁力作用下克服弹簧弹力移到右边，将蓄能器与控制活塞的工作腔管路接通，制动液进入控制活塞工作腔推动活塞右移，单向阀关闭，制动主缸与制动轮缸之间的通路被切断。同时，由于控制活塞右移，使制动轮缸的容积增大，制动压力减小。

③ 保压制动过程

如图 2－2－23 所示，当电子控制单元向电磁线圈输入一个小电流时，由于电磁线圈的电磁力减小，柱塞在弹簧力的作用下左移，将蓄能器、回油管路及控制活塞工作腔管路相互关闭。此时，控制活塞左侧的油压保持一定，控制活塞在油压和强力弹簧的共同作用下保持在一定的位置，而此时单向阀仍处于关闭状态，制动轮缸的容积也不发生变化，制动压力保持一定。

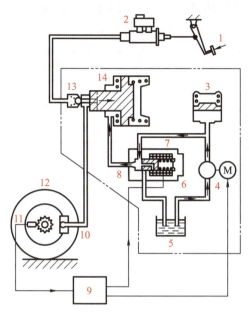

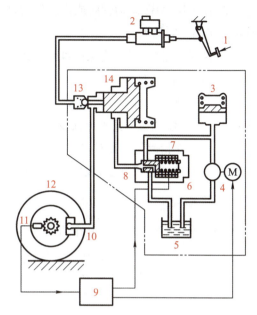

1—制动踏板;2—制动主缸;3—蓄能器;4—液压泵;
5—储液罐;6—电磁线圈;7—电磁阀;8—柱塞;
9—电子控制单元;10—制动轮缸;11—轮速传感器;
12—车轮;13—单向阀;14—控制活塞。

图2-2-22　可变容积式制动压力调节器的减压制动过程

1—制动踏板;2—制动主缸;3—蓄能器;4—液压泵;
5—储液罐;6—电磁线圈;7—电磁阀;8—柱塞;
9—电子控制单元;10—制动轮缸;11—轮速传感器;
12—车轮;13—单向阀;14—控制活塞。

图2-2-23　可变容积式制动压力调节器的保压制动过程

④ 增压制动过程

需要增压时,电子控制单元切断电磁线圈中的电流,柱塞回到左端的初始位置,控制活塞工作腔与回油管路接通,控制活塞左侧油压解除,控制活塞左移至最左端时,单向阀被打开,制动轮缸来的制动液压力将随制动轮缸压力的升高而升高。

六、ABS 的检修

(一) ABS 检修注意事项

① 在点火开关处于打开位置时,不要拆装系统中的电气元件和线束插头,以免损坏电子控制单元。

② 在车上用外接电源给蓄电池充电时,要先断开蓄电池正(负)极柱上的电缆线,然后再对蓄电池充电,以免损坏电子控制单元。

③ 电子控制单元对高温环境和静电都很敏感,为防止其损坏,在对汽车进行烤漆作业时,应将电子控制单元从车上拆下;在对车体进行电焊之前,应拔下电子控制单元的插接器,并戴好防静电器。

④ 在拆卸制动管路或与其关联的部件之前,应首先释放 ABS 蓄压器内的压力,防止高压制动液喷射伤人。

⑤ 在更换 ABS 制动管路或橡胶件时,应按规定使用标准件(高压耐腐蚀件),以免管路破损而引起制动突然失灵。

⑥ 为保证维修质量,应保持维修场地和拆卸器件的清洁干净,防止尘埃等进入制动压力调节器或制动管路中。

⑦ 制动液侵蚀油漆的能力较强,因此在维修液压部件和加注制动液时,应防止制动液溅到油漆表面而使油漆失去光泽或变色。

⑧ 在维修轮速传感器时,应防止碰伤齿圈的轮齿和传感器头,也不可将齿圈作为支点撬动。否则,将造成轮齿变形,致使轮速传感器信号不正常,影响 ABS 的正常工作。

(二) 常规检查

常规检查主要包括以下几个方面:

① 检查制动液液面是否在规定范围内。

② 检查所有继电器、熔断丝是否完好,插接是否牢固。

③ 检查电子控制装置导线插头、插座是否连接良好,有无损坏,搭铁是否良好。

视频
ABS 故障灯
常亮

④ 检查电动液压泵、液压单元、四个轮速传感器、制动液液面指示灯开关的导线插头、插座和导线的连接是否良好。

⑤ 检查传感器头与齿圈间隙是否符合规定,传感器头有无脏污。

⑥ 检查蓄电池电压是否在规定范围内。

⑦ 检查驻车制动器是否完全释放。

⑧ 检查轮胎花纹高度是否符合要求。

(三) 警告灯诊断

装有 ABS 的汽车在仪表板上设有制动警告灯(红色)和 ABS 故障警告灯(黄色)。正常情况下,点火开关打开,制动警告灯和 ABS 故障警告灯应闪亮约 2 s,一旦发动机运转起来,且驻车制动器位于释放位置,两个警告灯应熄灭,否则说明 ABS 有故障。可利用两灯的闪亮规律,结合维修资料粗略地判断出 ABS 发生故障的部位。

(四) 故障码诊断

大多 ABS 具有自诊断和失效保护功能,当点火开关处于打开位置时,电子控制单元将会自动地对自身、轮速传感器、制动压力调节器中的电气元件进行静态测试。在此期间,如果 ABS 电子控制单元发现系统中存在故障,则电子控制单元会以故障码的形式储存故障情况,并持续点亮 ABS 故障警告灯。当汽车的速度达到一定值时,ABS 的电子控制单元还要对系统中的一些电气元件进行动态测试,如果发现系统中有故障存在,电子控制单元会以故障码的形式存储故障情况。

诊断 ABS 故障时,按照设定的程序和方法可读取故障码,维修人员可根据故障码的含义确定故障的范围。

故 障 排 除

根据别克汽车维修手册中提供的故障码读取方法,人工调取故障码 41。查故障码表得知,故障码 41 表示右前电磁阀线路开路。为确认是否是电磁阀线路的故障,用万用表测量 ABS 总泵的电磁阀线路,测量时发现有一根线与其他任何一根线都不相通(正常电磁阀的引脚线之间是相通的),由此可以判断这根线便是故障码 41 所指的开路线。

拆下 ABS 总泵并分解(分解时要特别注意不要损伤密封圈),看到有一根线已明显断开,此即故障所在。将电线的开路端焊接起来,然后把 ABS 总泵重新安装好,清除故障码,按照规定的顺序对 ABS 进行空气排除。通过试车发现,故障已排除。

任务 2　驱动防滑系统(ASR)的检修

故 障 案 例

一辆凌志 LS400 型轿车,仪表板上 ASR 故障警告灯常亮。通过了解得知,故障刚出现时,在行驶一段时间后 ASR 故障警告灯才会亮;关掉发动机再重新起动,仪表板上的 ASR 故障警告灯才会熄灭,但是行驶一段路程后,ASR 故障警告灯又重新亮起来。

案 例 分 析

可能是 ASR 电路故障,根据经验也可能是发动机负荷的百分数不正确引起 ASR 故障警告灯点亮,但发动机负荷的百分数是电子控制单元根据空气量、节气门开度、发动机转速计算出来的。因此,本故障主要考虑对 ASR 进行检修。

知 识 链 接

一、ASR 的作用与控制方式

(一) ASR 的作用

驱动防滑系统简称 ASR(acceleration slip regulation),有的车辆称为牵引力控制系统,简称 TCS(traction control system)或 TRC。

驱动防滑系统的作用是防止汽车在加速过程中打滑,特别是防止汽车在非对称路面或在转向时驱动轮滑转,以保持汽车行驶方向的稳定性及维持汽车的最佳驱动力。

（二）ASR 的控制方式

1. 发动机输出功率/转矩控制

一旦 ASR 电子控制单元检测到一个或两个驱动车轮发生滑转,立即发出控制指令,控制发动机的输出功率/转矩,以抑制驱动轮的滑转。

发动机输出功率/转矩控制通常有以下几种方法:

① 调整供油量　减少或中断供油。

② 调整点火时间　减小点火提前角或停止点火。

③ 调整进气量　减小节气门的开度。

2. 驱动轮制动控制

当汽车在附着系数不均匀的路面上行驶时,处于低附着系数路面的驱动车轮可能会滑转,此时 ASR 电子控制单元将使滑转车轮的制动压力上升,对该轮作用一定的制动力,使两驱动车轮向前的运动速度趋于一致。

3. 防滑差速锁控制

防滑差速锁能对差速器锁止装置进行控制,使锁止范围为 0%～100%,并通过 ASR 有效控制驱动车轮的驱动力,从而提高汽车在滑溜路面的起步、加速能力及行驶方向的稳定性。

二、ASR 的基本组成与工作原理

（一）基本组成

典型 ABS/ASR 的组成如图 2-2-24 所示。ASR 与 ABS 共用车轮轮速传感器和电子控

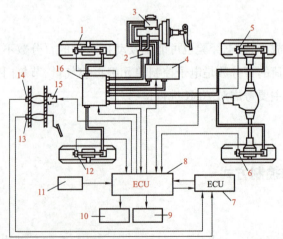

1—右前轮轮速传感器;2—比例阀和差压阀;3—制动主缸;4—ASR 制动压力调节器;5—右后轮轮速传感器;
6—左后轮轮速传感器;7—发动机和变速器电子控制单元;8—ABS 和 ASR 电子控制单元;9—ASR 关闭指示灯;
10—ASR 工作指示灯;11—ASR 选择开关;12—左前轮轮速传感器;13—主节气门位置传感器;
14—副节气门位置传感器;15—副节气门驱动步进电动机;16—ABS 制动压力调节器。

图 2-2-24　典型 ABS/ASR 的组成

制单元,只是在通往驱动车轮制动轮缸的制动管路中增设了一个 ASR 制动压力调节器,在由加速踏板控制的主节气门上方增设了一个由步进电动机控制的副节气门,并在主、副节气门处各设置了一个节气门位置传感器。

(二) 工作原理

当驱动防滑系统处于工作状态时,电子控制单元根据各车轮轮速传感器检测到的车轮转速信号,确定驱动车轮的滑转率和汽车的参考速度。当电子控制单元判定驱动车轮的滑转率超过设定的限值时,就使驱动副节气门的步进电动机转动,减小副节气门的开度。此时,即使主节气门的开度不变,发动机的进气量也会因副节气门开度的关小而减少。如果驱动车轮的滑转率仍未降低到设定的控制范围内,电子控制单元会控制 ASR 制动压力调节器和 ABS 制动压力调节器对驱动车轮施加一定的制动压力,则驱动车轮上就会作用一制动力矩,从而使驱动车轮的转速降低。

三、ASR 的检修

下面以凌志 LS400 型轿车为例介绍 ASR 的故障诊断及检修步骤。

凌志 LS400 型轿车同时具有 ABS 和 ASR,且它们共用一个电子控制单元,其 ASR 和 ABS 控制原理简图如图 2-2-25 所示,控制电路如图 2-2-26 所示,电子控制单元各端子排列及名称见表 2-2-1。

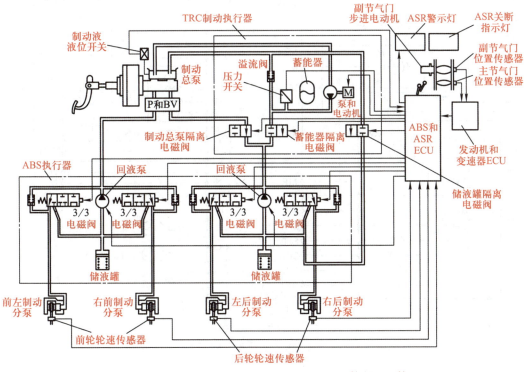

图 2-2-25 凌志 LS400 型轿车的 ASR 和 ABS 控制原理简图

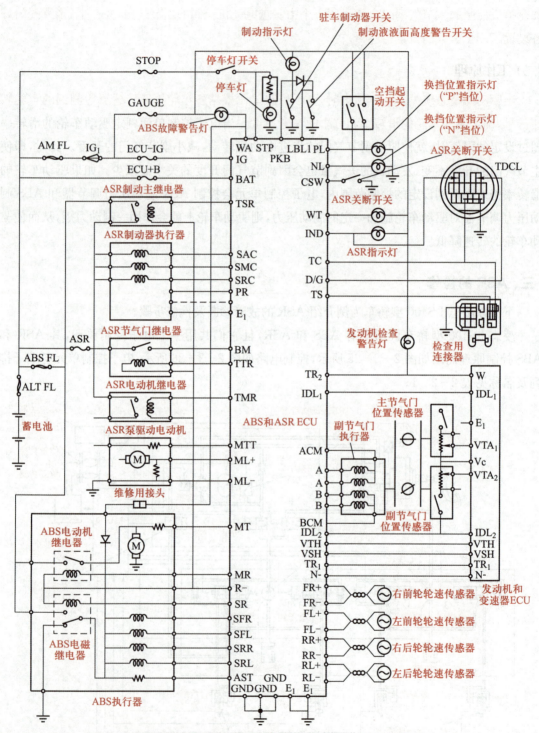

图 2-2-26   凌志 LS400 型轿车 ABS 和 ASR 控制电路

表 2 - 2 - 1　凌志 LS400 型轿车 ABS 和 ASR 电子控制单元端子排列及名称

端子编号	符号	端 子 名 称	端子编号	符号	端 子 名 称
A18 - 1	SMC	制动主缸切断电磁阀	7	TR₂	发动机通信
2	SRC	储液罐切断电磁阀	8	WT	ASR 关断指示灯
3	R—	继电器地线	9	TR₅	发动机检查警告灯
4	TSR	ASR 制动主继电器	10		
5	MR	ABS 电动机继电器	11	LBL1	制动液液面高度警告开关
6	SR	ABS 电磁继电器	12	CSW	ASR 关断开关
7	TMR	ASR 电动机继电器	13	VSH	副节气门位置传感器
8	TTR	ASR 节气门继电器	14	D/G	诊断
9	A	步进电动机	15		
10	Ⓐ	步进电动机	16	IND	ASR 指示灯
11	BM	步进电动机	A20 - 1	SFR	右前 ABS 电磁继电器线圈
12	ACM	步进电动机	2	GND	搭铁
13	SFL	左前 ABS 电磁继电器线圈	3	RL+	左后车轮轮速传感器
14	SVC	ACC 关断线圈	4	FR—	右前车轮轮速传感器
15	VC	ACC 压力开关(传感器)	5	RR+	右后车轮轮速传感器
16	AST	ABS 电磁继电器监控器	6	FL—	左前车轮轮速传感器
17	NL	空挡起动开关	7	E₁	搭铁
18	IDL₁	主节气门怠速开关	8	MT	ABS 电动机继电器
19	PL	空挡起动开关	9	ML—	ASR 电动机闭锁继电器
20	IDL₂	副节气门怠速开关	10	PR	ACC 压力开关(传感器)
21	MTT	ASR 泵驱动电动机继电器监控器	11	IG	电源
			12	SRL	左后 ABS 电磁继电器线圈
22	B	步进电动机	13	GND	搭铁
23	Ⓑ	步进电动机	14	RL—	左后车轮轮速传感器
24	BCM	步进电动机	15	FR+	右前车轮轮速传感器
25	GND	搭铁	16	RR—	右后车轮轮速传感器
26	SRR	右后 ABS 电磁继电器线圈	17	FL+	左前车轮轮速传感器
A19 - 1	BAT	备用电源	18	E₁	搭铁
2	PKB	驻车制动器开关	19	E₁	搭铁
3	TC	诊断	20	TS	检查用连接器
4	NEO	Ne 信号	21	ML+	ASR 电动机闭锁传感器
5	VTH	主节气门位置传感器	22	STP	停车灯开关
6	WA	ABS 故障警告灯			

（一）ASR 故障自诊断

1. 系统的自检

当点火开关打开时，仪表板上的 ASR 故障警告灯会亮起，3 s 后熄灭。如果点火开关打开时 ASR 故障警告灯不亮或 3 s 后不熄灭，需进行检查。

2. 故障码的读取和清除

由于 ASR 与 ABS 共用一个 ECU，所以 ASR 故障码的读取和清除同 ABS。

（二）ASR 的检测

1. 电源电压

在点火开关关闭和打开时，BAT 端子上的电压均应为 10～14 V；在点火开关关闭时，IG 端子上的电压应为 0 V；点火开关打开时，IG 端子的电压应为 10～14 V。

2. 空挡起动开关两端子 PL、NL 上的电压

在点火开关关闭时，PL、NL 两端子上的电压均为 0 V；当点火开关打开、变挡杆位于"P"或"N"挡位时，PL、NL 两端子上的电压均为 10～14 V，在其他位置时为 0 V。

3. 停车灯开关 STP 端子上的电压

在停车灯开关打开时，STP 端子上的电压应为 10～14 V；在停车灯开关关闭时，STP 端子上的电压应为 0 V。

4. 制动液液面高度警告开关 LBL1 端子上的电压

在点火开关打开和制动液液面高度警告开关关闭时，LBL1 端子上的电压应为 10～14 V；在制动液液面高度警告开关打开时，LBL1 端子上的电压应小于 1 V。

5. ASR 关断开关 CSW 端子上的电压

在点火开关打开时，按下 ASR 关断开关，CSW 端子上的电压应为 0 V；松开 ASR 关断开关，则 CSW 端子上的电压应约为 5 V。

6. ASR 制动主继电器 TSR 端子上的电压

在点火开关打开时，TSR 端子上的电压应为 10～14 V。

7. ASR 制动器执行器各端子上的电压

在点火开关打开时，SMC、SAC、SRC 三端子上的电压均应为 10～14 V，PR、VC 两端子上的电压均应约为 5 V。

8. 与发动机和自动变速器 ECU 相关的端子电压

（1）IDL_1 和 IDL_2 两端子上的电压

在点火开关打开时，若节气门关闭，IDL_1 和 IDL_2 两端子上的电压应为 0 V；若节气门开启，IDL_1 和 IDL_2 两端子上的电压应为 5 V。

（2）VTH 和 VSH 两端子上的电压

在点火开关打开时，若节气门关闭，VTH 和 VSH 两端子上的电压约为 0.6 V；若节气门开启，VTH 和 VSH 两端子上的电压约为 3.8 V。

（3）TR_2 端子上的电压

在点火开关打开时，TR_2 端子上的电压约为 5 V。

（4）TR_5 端子上的电压

在点火开关打开及发动机检查灯打开时，TR_5 端子上的电压约为 1.2 V；在发动机运转且发动机检查灯关闭时，TR_5 端子上的电压为 10～14 V。

（5）NEO 端子上的电压

在点火开关打开且发动机停转时，NEO 端子上的电压约为 5 V；发动机怠速时，NEO 端子上的电压约为 2.5 V。

9. ASR 关断开关 WT 端子上的电压

在点火开关打开时，若 ASR 关断开关半闭，则 WT 端子上的电压应为 10～14 V；若 ASR 关断开关接通，则 WT 端子上的电压应为 0 V。

10. 检查连接器 TC、TS 和 D/G 端子上的电压

（1）TC 端子上的电压

在点火开关打开时，TC 端子上的电压应为 10～14 V。

（2）TS 端子上的电压

在点火开关打开时，TS 端子上的电压应为 10 V。

（3）D/G 端子上的电压

在点火开关打开时，D/G 端子上的电压应为 10～14 V。

故障排除

首先读取故障码，故障码显示 ASR 的 ECU 与 EGAS(电子节气门控制系统)的 ECU 信号传输有问题。对 EGAS 进行故障自诊断并读取故障码，但是没有故障码显示，因此怀疑其线路有问题。

仔细检查 EGAS 的线路，没有发现问题，打开其 ECU 以后发现有一个集成块已经烧毁，更换该集成块以后试车，ASR 故障警告灯不亮了，但是路试一段距离以后，ASR 故障警告灯又亮了。用解码器再次查故障码，故障码显示是怠速触动线路有问题。经仔细检查发现加速踏板下面的一个怠速触点断开，焊好以后再次路试，故障彻底消除。

171

项目3 电子控制转向系统检修
Item 3

知识目标

1. 掌握电子控制转向系统的组成与工作原理。
2. 掌握电子控制转向系统的检修方法。
3. 掌握四轮转向系统的组成与工作原理。

能力目标

1. 能够正确检测电子控制转向系统的传感器、ECU 和执行器。
2. 能够正确检测四轮转向系统的传感器、控制单元和执行器。
3. 能够诊断并排除电子控制转向系统和四轮转向系统的常见故障。

任务 1 电子控制转向系统故障诊断

故障案例

一辆吉利远景汽车配有电子控制转向系统,行驶 25 万公里时,电子控制转向系统助力失效。

动画

电子控制动力
转向系统组成

案例分析

出现这种故障可以考虑是以下原因造成的:
① 接插件接触不良,接插处存在退片、退套、虚接与虚焊的情况。
② 扭矩传感器超出额定行程。

③ ECU 故障。

④ 更换转向柱总成以后，没有对系统进行设定。

知识链接

一、电子控制转向系统的组成与工作原理

电子控制转向系统有液压式和电动式两种。液压式电子控制转向系统只是在纯液压助力系统的基础上加装了传感器、ECU 和执行器，它是一种过渡产品；电动式电子控制转向系统比液压式电子控制转向系统有更多优点，本任务将重点介绍电动式电子控制转向系统。

电动式电子控制转向系统具有以下优点：

① 能根据不同的情况产生适合各种车速的动力转向，不受发动机停止运转的影响。

② 在停车时，驾驶员也可获得最大的转向动力；汽车在行驶过程中，电子控制装置可调整电动机的助力以改善路感。

③ 电动式电子控制转向系统的零部件少，质量小，其质量可比液压式小 25％。

④ 由于它不是发动机直接驱动的，电动机只是在转向时才接通，故可节省燃油。

总之，电动式电子控制转向系统有许多优点，它比液压式电子控制转向系统更轻便、紧凑、可靠。通过控制计算机编程，可提供不同程度的动力转向，而且它能与汽车上其他电气设备相连接，有助于四轮转向的实现，并能促进悬架系统的发展。

（一）电动式电子控制转向系统的基本组成

电动式电子控制转向系统主要由转矩传感器、转向角传感器、电子控制单元（ECU）、电磁离合器、小齿轮、齿条等组成，如图 2-3-1 所示。该系统广泛应用于日本日产、三菱、大发、富士重工、铃木等汽车公司的许多车型上。

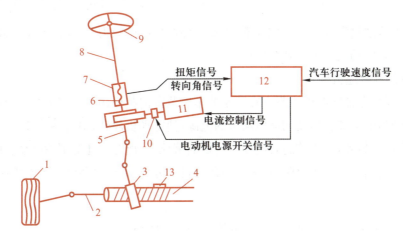

1—转向车轮；2—横拉杆；3—小齿轮；4—齿条；5—输出轴；6—扭杆；7—转矩传感器；
8—转向输入轴；9—方向盘；10—电磁离合器；11—ECU；12—电动机；13—转向角传感器。

图 2-3-1　电动式电子控制转向系统的基本组成

1. 电动机

电动式电子控制转向系统所用的电动机与起动发动机所用的直流电动机的工作原理基本相同,但通常采用永磁磁场。最大电流一般为 30 A 左右,电压为 12 V,额定转矩为 10 N·m 左右。电动机正、反转控制电路如图 2-3-2 所示。

a_1、a_2 为触发信号端子。当 a_1 端子得到输入信号时,晶体管 VT_3 导通,VT_2 得到基极电流而导通,电流经 VT_2、电动机 M、VT_3、搭铁而构成回路,于是电动机正转;当 a_2 端子得到输入信号时,电流经 VT_1、M、VT_4、搭铁而构成回路,电动机则因电流方向相反而反转。只要控制触发信号端子电流的大小,就可以控制通过电动机电流的大小,即可以控制电动机输出转矩的大小。

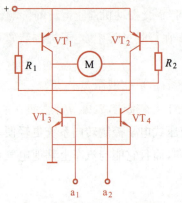

图 2-3-2　电动机正、反转控制电路

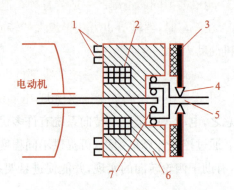

1—滑环;2—电磁线圈;3—压板;4—花键;
5—从动轴;6—主动轮;7—球轴承。

图 2-3-3　电磁离合器

2. 电磁离合器

电磁离合器主要由电磁线圈、主动轮、从动轴、压板等组成,如图 2-3-3 所示。

工作时,电流通过滑环进入电磁线圈,主动轮便产生电磁吸力,带花键的压板被吸引,并与主动轮压紧,于是电动机的输出转矩便经过输出轴→主动轮→压板→花键→从动轴,传递给执行机构(蜗轮蜗杆减速机构)。

电磁离合器可保证转向助力只有在预定的车速范围内起作用。当汽车行驶速度超过系统限定的最大值时,电磁离合器便切断电动机的电源,使电动机停转,离合器分离,不起传递转向助力转矩的作用。另外,在不传递转向助力转矩的情况下,离合器还能消除电动机的惯性对转向的影响;当该转向系统发生故障时,离合器还会自动分离,此时又可恢复手动控制转向。

3. 减速机构

减速机构主要由蜗轮和蜗杆等构成,如图 2-3-4 所示。

蜗杆的动力来自电磁离合器和电动机,经蜗轮减速增扭后,传送给输入轴,然后再通过其他部件传送给转向轮,以实现转向助力。

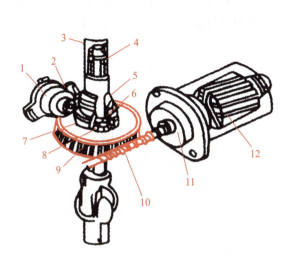

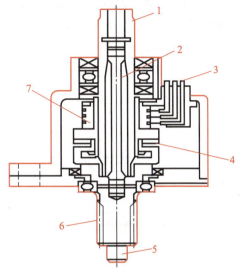

1—转矩传感器;2—控制臂;3—输入轴;4—扭杆;
5—滑块;6—球槽;7—滑环;8—钢珠;9—蜗轮;
10—蜗杆;11—电磁离合器;12—电动机。

图 2-3-4　减速机构

1—输入轴;2—扭杆;3—信号输出端;
4—电位计;5—输出轴;6—转向器小齿轮;
7—滑环。

图 2-3-5　转矩传感器

4. 转矩传感器

转矩传感器由电位计、集成电路 IC 部分、电流信号输出部分组成,如图 2-3-5 所示。电位计实质上是一个可变电阻器,其滑动触点在输出轴上,电阻线固定在输入轴上。当转动方向盘时,滑动触点在电阻线上滑动,电位计的电阻值随之发生变化。这种电阻值的变化可转换成电压值的变化,经过集成电路 IC 处理,最终以电流变化的形式从滑环与电刷构成的电流信号输出部分,把方向盘转动信号送到 ECU 中。

从该电流输出信号可判断出方向盘转动方向,即在设定值以上为向右旋转,在设定值以下为向左旋转,并以此来决定电动机的转动方向。转向电动机的电流是流向电动机的驱动电流,它可作为监视电动机反转或异常状态的信号。

信号控制器从各个传感器处接收输入信号,并且可判断转向助力转矩的大小与方向,向电动机发出驱动指令。

5. ECU

电动式电子控制转向系统 ECU 控制系统如图 2-3-6 所示。工作时,转向转矩和转向角信号经过 A/D 转换器被输入到中央处理器(CPU),中央处理器根据这些信号和车速计算出最优化的转向助力转矩。ECU 把已计算出来的参数值作为电流命令信号送到 D/A 转换器并转换为模拟量,再将其输入到电流控制电路;电流控制电路把来自中央处理器的电流命令信号同电动机电流的实际值进行比较,产生一个差值信号。该差值信号被送到驱动电路,该电路可驱动动力装置并向电动机提供控制电流。即当转矩传感器和转向角传感器的信号经 A/D 转换器处理后,中央处理器就在其内存中寻找与该信号相匹配的电动机电流值,然后将此值输送给

D/A 转换器进行数字模拟转换,处理后的模拟信号再送给限流器,由限流器来决定电动机驱动电路电流值的大小。中央处理器同时给电动机驱动电路输出另一个信号,决定电动机的转动方向(左转或右转)。

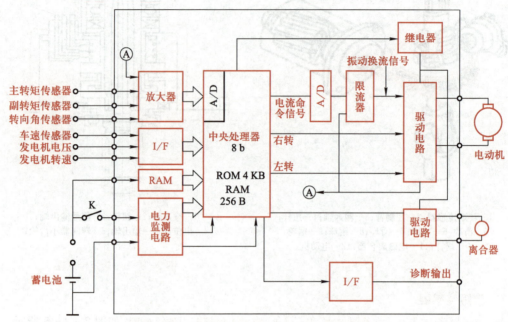

图 2-3-6 电动式电子控制转向系统 ECU 控制系统

(二) 电动式电子控制转向系统的工作原理

电动式电子控制转向系统利用电动机作为助力源,根据车速和转向参数等由 ECU 完成转向助力控制。当转动方向盘时,装在方向盘轴上的转矩传感器不断地测出轴上的转矩信号,该信号与车速信号同时输入到 ECU,ECU 根据这些输入信号确定转向助力转矩的大小和方向,即选定电动机的电流和转向,调整转向助力转矩的大小。电动机的转矩由电磁离合器通过减速机构增扭后加在汽车的转向机构上,使之得到一个与汽车工况相适应的转向作用力。

当车速为 0~45 km/h 时,根据车速决定转向助力转矩的大小;当车速高于 43~52 km/h 时,在停止对电动机供电的同时,使电动机内的电磁离合器分离,按普通转向控制方式工作,以确保行车安全;在转向器偏转至最大角时,由于此时电动机不能转动,所以流入电动机的电流达到最大值,为了避免持续的大电流使电动机及控制组件发热损坏,所以每当较大电流连续通过 30 s 后,系统就会控制电流使之逐渐减小。当临界控制状态解除后,控制系统就会再逐渐增大电流,一直达到正常的工作电流为止。

二、电子控制转向系统故障诊断方法

电子控制转向系统的 ECU 具有故障自诊断功能,当 ECU 检测出系统存在故障时,可显示出相应的故障码,以便采取相应的措施。当 ECU 检测到系统的基本部件(如转矩传感器、电动机等)出现故障而导致系统处于严重故障时,系统就会使电磁离合器断开,停止转向助力控制,确保系统安全、可靠。

故 障 排 除

首先利用解码器查故障码,解码器出现 52 故障码,说明转矩传感器无信号输出;然后用万用表仔细测量转矩传感器,发现 2 号脚电阻为无穷大,说明线路断路。

将 2 号脚的线束焊好,并缠上绝缘胶带,用解码器清除故障码,再次检查故障码,没有发现任何故障码。试车,车主对转向助力效果满意,故障排除。

任务 2　电子控制转向系统的检修

故 障 案 例

一辆 Mira 轿车配有电子控制转向系统,在行驶过程中朝右侧偏行。

案 例 分 析

该故障的可能原因有以下几种:
① 左、右轮胎气压不一致或前束不准确。
② 转矩传感器调整不当,导致电压信号不准确。

知 识 链 接

一、故障自诊断系统

Mira 轿车自诊断连接器如图 2-3-7 所示。将万用表置于直流电压挡,将正表笔接在自诊断连接器的 2 号接柱上,负表笔接搭铁,打开点火开关,故障码即按由小到大的顺序显示出来。

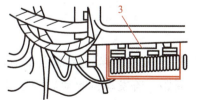 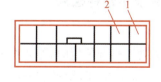

1—多点燃油喷射(MPI);2—电动助力转向;3—连接片。

图 2-3-7　Mira 轿车自诊断连接器

Mira 轿车电子控制转向系统的故障码及其含义见表 2 - 3 - 1。

表 2 - 3 - 1　Mira 轿车电子控制转向系统的故障码及其含义

故障码	诊断项目	故障码	诊断项目
0	正常	41	直流电动机
11	转矩传感器(主)	42	直流电动机电流
12	转矩传感器(副)	43	直流电动机过电流
13	转矩传感器(主、副侧电压差过大)	44	直流电动机锁止
21	车速传感器(主)	51	电磁离合器
22	车速传感器(主、副侧电压差过大)	54	ECPS 控制装置
23	车速传感器(主)电压急减	55	转矩传感器 E/F 回路不良
31	交流电动机 L 端子	—	ECU 不良

Mira 轿车电子控制转向系统的故障类型及原因见表 2 - 3 - 2。

表 2 - 3 - 2　Mira 轿车电子控制转向系统的故障类型及原因

故 障 类 型	故 障 原 因
转矩传感器信号系统故障	转矩传感器本身异常,转矩传感器信号线短路或断路
ECU 故障	ECU 异常
电动机信号线故障	电动机信号线短路或断路
车速传感器信号系统故障	车速传感器本身不正常,车速传感器信号线短路或断路,曾长时间进行预试
电动机故障	到电动机的连线短路或断路,温度传感器线路短路或断路,有异常信号
继电器故障	继电器本身不正常或连线短路或断路
电源系统故障	蓄电池严重亏电,发电机有故障
制动信号系统故障	制动信号线短路或断路
点火脉冲信号系统故障	点火信号线短路或断路

二、系统线路及零部件检修

1. 警告灯的检查

当点火开关处于打开位置时,警告灯应点亮;当发动机起动后,警告灯应熄灭。警告灯不亮时,应检查灯泡是否损坏,熔丝和导线是否断路。若发动机起动后警告灯仍亮,首先应考虑该系统是否处于保险状态(只有常规转向工作,无电动助力),并通过其自诊断系统做必要的检查。

2. 转矩传感器的检查

从转向器总成上拆下转矩传感器及其插接器。Mira 轿车电子控制转向系统导线插接器如图 2-3-8 所示。

 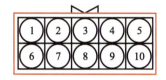 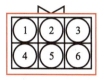

(a) 直流电动机导线插接器　　(b) 转矩传感器电磁离合器导线插接器　　(c) 轮速传感器导线插接器

图 2-3-8 Mira 轿车电子控制转向系统导线插接器

测定转矩传感器电磁离合器主侧端子 3 和 5 之间以及副侧端子 8 和 10 之间的电阻,标准值为 2.18 ± 0.66 kΩ。若不符合要求,则为转矩传感器异常,应更换转向器总成。

方向盘处于中间位置时,测量上述各端子之间的电压,电压为 2.5 V 表示良好,电压在 4.7 V 以上表示断路,电压在 0.3 V 以下表示短路。

3. 电磁离合器的检查

从转向器总成上断开电磁离合器的导线插接器,将蓄电池的正极与电磁离合器端子 1 相连,蓄电池的负极与端子 6 相连,在接通与断开端子 6 的瞬间,离合器应有工作声音。若没有声音,表明电磁离合器有故障,应更换转向器总成。

4. 直流电动机的检查

从转向器总成上断开直流电动机的导线插接器,给电动机加上蓄电池电压时,电动机应有转动的声音。若没有声音,应更换转向器总成。

5. 车速传感器的检查

从变速器总成上拆下车速传感器,用手转动车速传感器的转子,检查其能否顺利运转,若有卡滞应予以更换。

测定车速传感器导线插接器的主侧端子 1 与 2 之间及副侧端子 4 与 5 之间的电阻值,其值等于 165 ± 20 Ω 为良好。若不符合要求,则必须更换车速传感器。

故障排除

首先测量轮胎气压和前束,发现轮胎气压和前束准确;然后在方向盘居中时测量转矩传感器主侧端子 3 和 5 之间及副侧端子 8 和 10 之间的电压,发现端子 3 和 5 之间的电压为 2.3 V,端子 8 和 10 之间的电压为 2.8 V。

松开转矩传感器的紧固螺栓,调整转矩传感器的位置,直到端子 3 和 5 之间的电压为 2.5 V,端子 8 和 10 之间的电压也为 2.5 V,重新拧紧紧固螺栓,最后试车,故障排除。

任务 3 四轮转向系统的检修

故障案例

一辆进口宝马越野车,仪表板上四轮转向系统(4WS)故障灯常亮,并且后轮转向不起作用。

案例分析

由于四轮转向系统 ECU 监测到了电子控制系统的故障,所以将后轮锁定在直线行驶位置,并且点亮了四轮转向系统故障灯。

知识链接

一、四轮转向系统的组成

四轮转向系统(4WS),是指后轮也和前轮相似,具有一定的转向功能,不仅可以与前轮同方向转向,也可以与前轮反方向转向。主要由后轮转向执行器、输入传感器和电控单元组成。这里主要介绍后轮转向执行器和输入传感器。

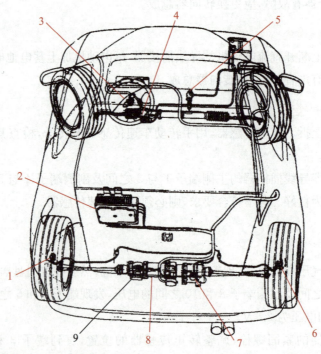

1、6—后轮轮速传感器;2—四轮转向控制单元;3—主前轮转角传感器;4—副前轮转角传感器;
5—车速传感器(VSS);7—副后轮转角传感器;8—后轴转向执行器;9—主后轮转角传感器。

图 2-3-9 四轮转向系统的组成

1. 后轮转向执行器

如图 2-3-10 所示，后轮转向执行器包含一个通过循环球螺杆驱动转向齿条的电动机，常规的转向轴螺杆从转向执行器连接到后轮转向臂和转向节处。执行器内的回位弹簧在点火开关关闭或四轮转向系统失效时将后轮推向直线行驶位置。主后轮转角传感器和副后轮转角传感器安装在后轮转向执行器的顶端。

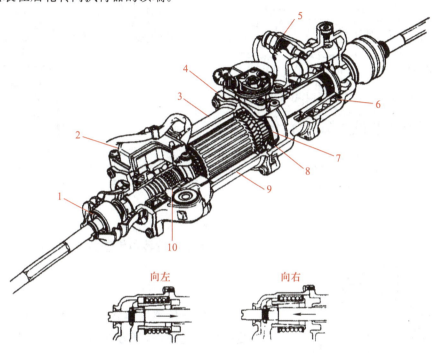

1—转向轴螺杆；2—主后轮转角传感器；3—定子；4—执行器壳体；5—副后轮转角传感器；
6—回位弹簧；7—换向器；8—电刷；9—转子；10—循环球螺杆。

图 2-3-10　四轮转向系统的后轮转向执行器

2. 输入传感器

（1）主后轮转角传感器

主后轮转角传感器（图 2-3-11）位于后轮转向执行器顶端的左侧，它有一个随循环球螺杆旋转的脉冲环，脉冲环上部安装有电子传感器。当循环球螺杆旋转时，这个传感器向控制单元发出数字信号，指示后轮转角。

提示：主后轮转角传感器属于霍尔式传感器。

（2）副后轮转角传感器

副后轮转角传感器（图 2-3-12）安装在后轮转向执行器上与主后轮转角传感器相反的一端，它有一根连接在齿条上的锥形轴，锥形轴与齿条一起水平移动。在副后轮转角传感器上的插棒与锥形轴为锥面接触，当锥形轴水平移动时，锥面使传感器插棒移动，插棒的移动使传感器产生模拟电压信号，将后轮转角信号传送到控制单元。

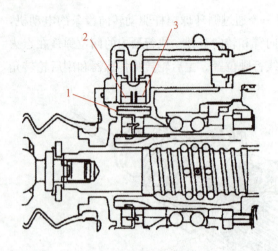

1—电磁转子；2—霍尔集成电路片；
3—监测记录元件。
图2-3-11 主后轮转角传感器

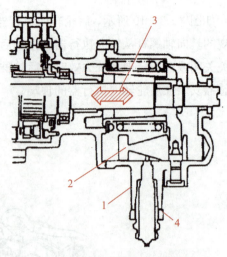

1—副后轮转角传感器；2—锥形轴；
3—转向轴螺杆；4—插棒。
图2-3-12 副后轮转角传感器

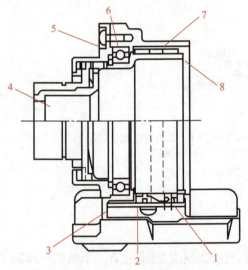

1—霍尔集成电路片；2—监测记录元件；
3—输出线路；4—锁颈；5—锁壳；
6—轴承；7—塑料磁铁；8—磁转子。
图2-3-13 主前轮转角传感器

（3）主前轮转角传感器

主前轮转角传感器(图2-3-13)安装在组合开关下方的转向柱上,它包含转速传感器和方向传感器。转速传感器包含一排在传感器下方转动并变换磁性的磁铁,当方向盘转动时,转速传感器向控制单元发送与方向盘转速和前轮转角相关的信号。方向传感器包含一个绕转向柱的环形磁铁,控制单元利用方向传感器传来的信号确定方向盘的转动方向。

（4）副前轮转角传感器

副前轮转角传感器安装在前齿轮—齿条转向器内,其工作原理与副后轮转角传感器相同,用于向控制单元发送与前轮转角相关的信号。

（5）后轮轮速传感器

后轮轮速传感器(图2-3-14)安装在每个后轮上,它是与防抱死制动系统(ABS)共用的传感器。

（6）车速传感器

车速传感器将与车辆速度相关的电压信号传送到四轮转向系统控制单元。这个信号同时也被送到自动变速器电子控制系统。

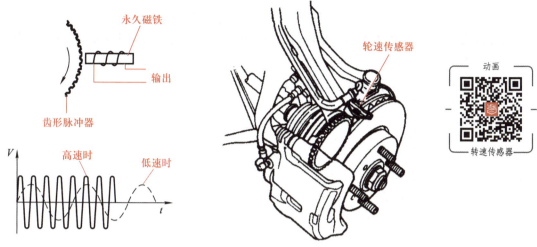

图2-3-14 后轮轮速传感器

二、四轮转向系统的工作原理

四轮转向系统的工作原理图如图2-3-15所示,发动机工作时,四轮转向系统控制单元不断地从传感器收到信号。当方向盘转动时,四轮转向系统控制单元就会对车速传感器、主前轮转角传感器、副前轮转角传感器、主后轮转角传感器、副后轮转角传感器以及后轮轮速传感器传来的信号进行分析,并计算出适当的后轮转向角,然后将蓄电池电压输送到后轮转向执行器的电动机,使后轮转向。

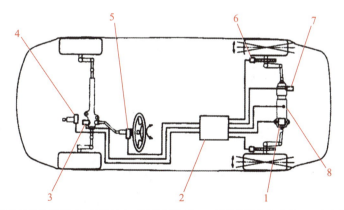

1—主后轮转角传感器;2—四轮转向系统控制单元;3—副前轮转角传感器;4—车速传感器;
5—主前轮转角传感器;6—后轮轮速传感器;7—副后轮转角传感器;8—后轮转向执行器。

图2-3-15 四轮转向系统的工作原理图

蓄电池电压通过两个大功率三极管输送到后轮转向执行器的电动机,其中一个三极管在右转弯时导通,而另一个在左转弯时导通。主、副后轮转角传感器将反馈信号送到四轮转向系统控制单元,以指示后轮转角已被执行。

故障排除

　　首先读取故障码,故障码显示后轮转向执行器电动机的转子断路,进一步测量电阻,万用表显示无穷大。

　　更换后轮转向执行器总成,并进行系统再设定,最后试车,故障灯熄灭,后轮转向良好。

Item 4
项目4
电子控制悬架系统检修

知识目标

1. 掌握电子控制悬架系统的组成与工作原理。
2. 掌握电子控制悬架系统的检修方法。

能力目标

1. 能够正确检测电子控制悬架系统的传感器、悬挂 ECU 和悬架控制执行器。
2. 能够诊断并排除电子控制悬架系统的常见故障。

任务 1 　电子控制悬架系统故障诊断

故障案例

　　一辆配有电子控制悬架系统的凌志 LS400 型轿车，行驶 22 万公里后，悬架刚度和阻尼系数控制失灵。

案例分析

　　出现这种故障可以考虑是以下原因造成的：
　　① 悬架刚度和阻尼系数控制（LRC）开关故障。
　　② 悬架执行器故障。
　　③ 空气弹簧减振器故障。
　　④ ECU 故障。

知识链接

一、电子控制悬架系统的组成

视频

电控悬架
线路图讲解

电子控制悬架系统中贮有起弹簧作用的压缩空气,弹簧刚度和汽车高度控制可根据驾驶条件自动控制。减振器的减振力也可自动控制,以抑制车辆侧倾、制动时前部栽头及高速行驶后部下坐时汽车姿势发生变化,因此能明显保持乘坐的舒适性。

凌志 LS400 型轿车电子控制悬架系统由传感器、悬架 ECU 和执行器等组成,其控制方框图如图 2-4-1 所示,其各部件的安装位置如图 2-4-2 所示。

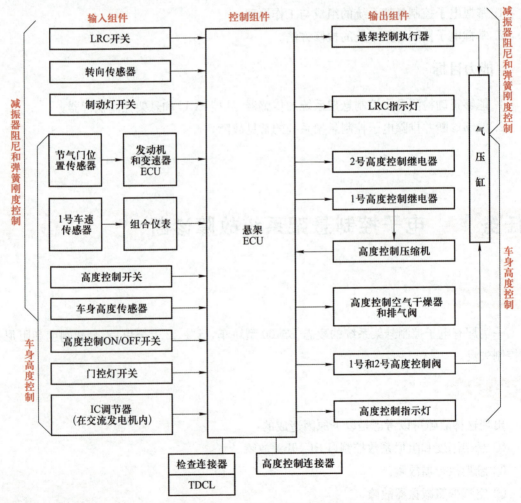

图 2-4-1　凌志 LS400 型轿车电子控制悬架系统控制方框图

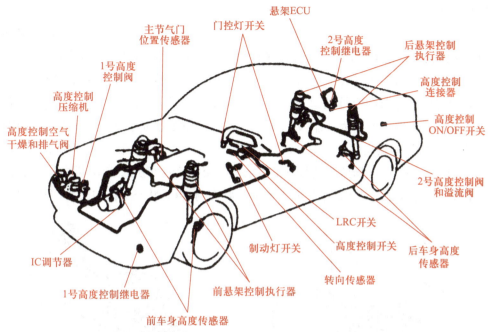

图 2-4-2　凌志 LS400 轿车电子控制悬架系统各部件的安装位置

1. 模式选择开关

凌志 LS400 型轿车电子控制悬架系统的模式选择开关由 LRC 开关和高度控制开关组成,如图 2-4-3 所示。

① LRC 开关　LRC 开关可以选择悬架的刚度和阻尼力。

② 高度控制开关　选择汽车目标高度。

2. 高度控制 ON / OFF 开关

高度控制 ON/OFF 开关又称车高控制通/断开关或空气

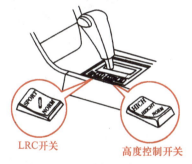

LRC开关　　　　高度控制开关

图 2-4-3　模式选择开关

悬架开关,它安装在汽车的后备厢中,作用是接通或断开悬架 ECU 的电源。将它置于"ON"时,电子悬架系统可以进行车身高度控制;将它置于"OFF"时, 系统不执行车身高度控制。在使用千斤顶或举升机举升汽车、汽车被牵引、在起伏的路面上驻车时,都应将此开关置于"OFF"位置,防止可充气气缸中的气体释放而引起的车身高度降低。

3. 制动灯开关

制动灯开关用于检测汽车是否进行制动,向悬架 ECU 提供汽车制动信号,以便据此产生抑制车身点头的控制信号。

4. 门控灯开关

门控灯开关又称车门传感器或车门开关,它是为防止行车时车门未关严而设置的。轿车控制装置利用门控灯开关输入信号来实现以下功能:在任何一个车门打开时,立即停止排气,并可视需要进行调平校正。

5. 转向传感器

转向传感器安装在转向组合开关上,用于检测方向盘转动的方向和角度。当判定方向盘的转角和车速大于设定值时,ECU会促使减振力和弹簧刚度增加,抑制车身侧倾。

转向传感器的结构和安装位置如图2-4-4所示。传感器圆盘压装在转向轴上,圆盘中间装有带有均匀分布的窄缝的遮光盘。传感器的信号发生器由发光二极管和光敏二极管组成。信号发生器以两个为一组,从上面套装在带窄缝的遮光盘上。遮光盘随转向轴转动时,两个信号发生器的输出端则会输出(ON)或断开(OFF)的交变信号,其工作原理与电路如图2-4-5所示。ECU根据两个信号发生器输出的交变信号变换的速率,即可检测出转向的转动速率;ECU计数器通过统计信号发生器ON状态与OFF状态变换的次数,即可检测出转

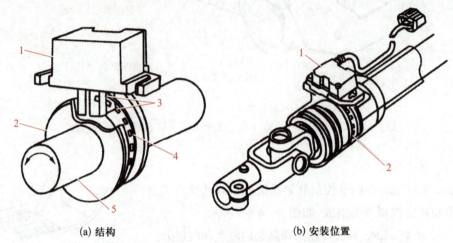

(a) 结构   (b) 安装位置

1—转向传感器;2—传感器圆盘;3—信号发生器;4—遮光盘;5—转向轴。

图2-4-4 转向传感器的结构和安装位置

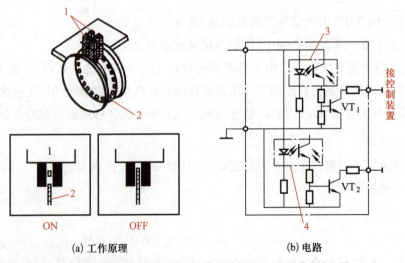

(a) 工作原理   (b) 电路

1—信号发生器;2—遮光盘;3—1号信号发生器;4—2号信号发生器。

图2-4-5 转向传感器的工作原理与电路

向轴的转角。另外,设计时将两个信号发生器 ON 状态与 OFF 状态变换的相位错开 90°,因此只要判断哪个信号发生器首先转变为 ON 状态,即可检测出转向轴的转动方向。

6. 车速传感器

车速传感器通常安装在变速器输出轴附近的壳体上,用于检测汽车的行驶速度,并将信号传给 ECU,作为防后坐、防侧倾、防点头控制以及高速控制的依据。常用的车速传感器有电磁感应式和可变磁阻式两种。

7. 节气门位置传感器

它向悬架 ECU 提供节气门位置信号,悬架 ECU 根据节气门开启或关闭、开度的大小、关闭的速率,以及车速信号等进行防后坐控制,并在汽车加速和满负荷时提供必要的浓混合气。

8. 车身高度传感器

持续不断地检测车身与悬架下臂之间的距离(车身与车架的相对高度,其变化频率和幅度反映了车身的振动),再根据路况确定车身的高度。悬架 ECU 根据车身高度传感器输入的信号,控制空气压缩机工作或排气阀的开启,以增加或减少悬架系统主气室中的空气量,保持车身高度为一定值。车身高度传感器有光电式和霍尔效应式两种。

9. 高度控制阀

按照悬架 ECU 的信号,高度控制阀控制压缩空气流进或流出可充气气缸。

1 号高度控制阀控制前悬架,两个电磁阀分别控制左、右侧的可充气气缸;2 号高度控制阀控制后悬架,它也有两个电磁阀,但它们不能单独操作。为了防止空气管路中产生不正常的压力,2 号高度控制阀中有一个溢流阀。高度控制阀的布置如图 2-4-6 所示。

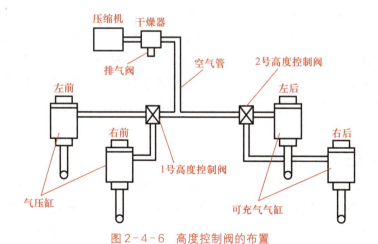

图 2-4-6　高度控制阀的布置

10. 空气压缩机总成

空气压缩机总成如图 2-4-7 所示。除干燥器外,压缩机和排气阀均不可维修,只能进行总成更换。

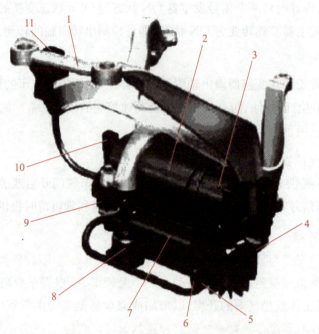

1—支架；2—电动机；3—压缩机；4—与排气阀连接的接头；5—温度传感器接头；6—温度传感器；
7—电力驱动电压接头；8—干燥器；9—进气和排气管；10—气动排气阀；11—到电磁阀组的压缩空气接头。

图 2-4-7 空气压缩机总成

压缩机由悬架 ECU 通过继电器进行控制，用来提供车身高度调节所需的压缩空气。从压缩机出来的空气进入干燥器，经干燥吸湿后被送入高度控制阀，由高度控制阀控制空气弹簧的充气量。空气弹簧空气室的压力由调节阀控制，当排气阀打开时，空气弹簧内的压缩空气从排气阀排入大气，同时将干燥器内的水分一起带走。

当车内载荷增加时，车身高度下降，车身高度传感器将这一信号传送给悬架 ECU，ECU 控制压缩机、高度控制阀工作，向空气弹簧主气室充气，直至车身高度达到规定值；当车内载荷减少时，车身高度上升，此时悬架 ECU 根据车身高度传感器传来的信号发出控制信号，打开高度控制阀，使空气弹簧主气室的空气通过高度控制阀、空气管路，从排气阀排出，从而使车身下降。

11. 空气弹簧

空气弹簧和减振器总成的结构如图 2-4-8 所示。

空气弹簧工作原理示意图如图 2-4-9 所示，其悬架刚度可在低、中、高三种状态之间调整，如图 2-4-9 所示。当阀芯的开口转到低位置时，大空气通道被打开，主气室的空气经由阀芯的中间孔、阀体侧面的大空气通道与副气室的空气相通，两气室之间的流量大，相当于参与工作的空气容积增大，悬架刚度处于"低状态"；当阀芯的开口转到中位置时，小空气通道被打开，两气室之间的空气流量小，悬架刚度处于"中状态"；当阀芯开口转到高位置时，两气室的空气通道全关闭，两气室之间的空气不能流动，此时只有主气室的空气参与工作，悬架刚度处于"高状态"。

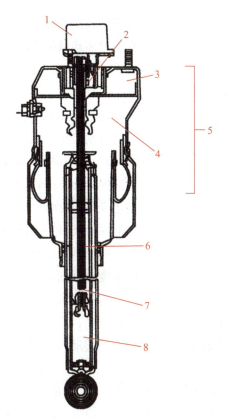

1—悬架控制执行器；2—空气阀；3—辅助气室；4—主气室；5—气缸；6—阻尼调节杆；7—活塞量孔；8—减振器。

图2-4-8　空气弹簧和减振器总成的结构

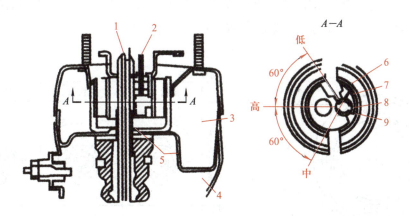

1—阻尼调节杆；2—气阀控制杆；3—主、副气室通道；4—副气室；5—主气室；
6—气阀体；7—小空气通道；8—阀体；9—大空气通道。

图2-4-9　空气弹簧工作原理示意图

12. 悬架控制执行器

悬架控制执行器安装在空气弹簧和减振器的上方，它不仅控制减振器的回转阀进行阻尼调节，同时还驱动空气弹簧气缸主、辅气缸的阀芯进行刚度调节。为了适应频繁变化的工况，

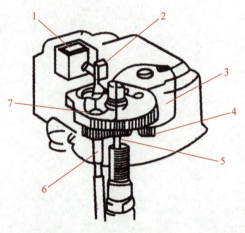

1—电磁线圈；2—挡块；3—步进电动机；4—小齿轮；
5—阻尼调节杆；6—气阀控制杆；7—扇形齿轮。

图 2-4-10　悬架控制执行器的结构

并保证精确的定位，采用直流步进电动机进行驱动。它通过驱动减振器的阻尼调节杆和空气弹簧气缸的气阀控制杆(刚度控制杆)来改变减振器的阻尼力和悬架的刚度。

悬架控制执行器的结构如图 2-4-10 所示。步进电动机作为驱动元件，它带动小齿轮驱动扇形齿轮转动，与扇形齿轮同轴的减振器阻尼调节杆带动减振器回转阀转动，使阻尼孔开闭的数量或大小发生变化，从而调节减振器的阻尼力。在调节阻尼力的同时，齿轮系统带动与空气弹簧气室阀芯相连的气阀控制杆转动，随着气室阀芯角度的改变，悬架的刚度也得到调节。

电磁线圈不通电时，它控制的电磁制动开关松开，挡块处于扇形齿轮的滑槽内，扇形齿轮可以转动；电磁线圈通电时，电磁制动开关吸合，挡块被拉紧，扇形齿轮处于锁止状态，各转阀均不能转动，使悬架的阻尼力和刚度保持在相对稳定状态。

步进电动机的工作原理及动作状态如图 2-4-11 所示。步进电动机的转子由永久磁铁制成，定子有两对磁极，其上绕有 A-B、C-D 两相绕组，当 A-B 绕组接通正向电流时，永磁转子将在定子磁极磁场的作用下，处于"低状态"；当 A-B 绕组接通反向电流时，与"低状态"时相对比，左、右磁极磁性相反，于是永磁转子处于"中状态"。当 A-B 绕组不通电，C-D 绕组接通电源时，永磁转子处于"高状态"位置。

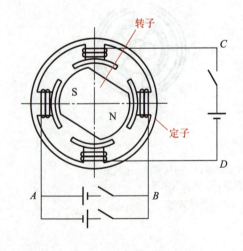

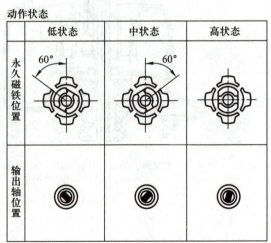

(a) 工作原理　　　　　　　　　　　　(b) 动作状态

图 2-4-11　步进电动机的工作原理及动作状态

13. 悬架 ECU

根据各种传感器的信号，以及模式选择开关（LRC 开关和高度控制开关）的选择，悬架 ECU 控制减振力、悬架弹簧刚度和汽车高度。悬架 ECU 还具有自我诊断功能、失效保护功能（当出现故障时，能暂停悬架的控制）。

二、电子控制悬架系统的工作原理

电子控制悬架系统的工作原理如图 2-4-12 所示。

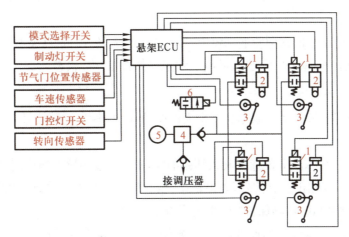

1—高度控制阀；2—空气悬架；3—车身高度传感器；4—干燥器；5—空气泵；6—排气阀。

图 2-4-12　电子控制悬架系统的工作原理

（一）车速与路面感应控制

车速与路面感应控制主要是根据车速与路面的变化来改变悬架的刚度和阻尼，有"软"和"硬"两种模式，由 ECU 控制或由驾驶员通过手动开关选择。在这两种模式中，又按刚度和阻尼的大小分为"低（软）""中（标准）""高（硬）"三种状态。在"软"模式中，悬架经常处于"低"状态；而在"硬"模式中，悬架则经常处于"中"状态。在这两种不同的模式下，悬架由 ECU 控制在三种状态，根据车速和路面的变化自动地调节刚度和阻尼系数，使车身的振动达到最佳的控制。

车速与路面感应控制又可分为高速感应控制、前后轮相关控制和坏路面感应控制三种控制。

1. 高速感应控制

当车速很高时，ECU 输出控制信号，使悬架的刚度和阻尼相应增大，以提高汽车高速行驶时的操纵稳定性。

当车速超过 110 km/h 时，ECU 输出控制信号，如果驾驶员选择"软"模式，则悬架的刚度和阻尼就会自动从"低"状态转入"中"状态；如果驾驶员选择"硬"模式，则悬架在"中"状态保持不变。当车速降低后,悬架的刚度和阻尼又自动回到选定模式经常保持的状态。

2. 前后轮相关控制

当汽车前轮在遇到路面接缝等单突起时,ECU 输出控制信号,相应减小后轮悬架的刚度和阻尼,以减小车身的振动和冲击。

前后轮相关控制与车速有关,当汽车以 30~80 km/h 的速度行驶遇到障碍时,ECU 输出控制信号,如果选择的是"软"模式,则后轮悬架保持"低"状态;如果选择的是"硬"模式,则后轮悬架从"中"状态自动转入"低"状态。当后轮越过障碍后,悬架又自动回到选定模式经常保持的状态。

若车速超过 80 km/h,在前轮遇到障碍时,后轮悬架若转入"低"状态会影响车辆的操纵稳定性,因此无论是在哪种模式下,悬架的刚度和阻尼都将在"中"状态。

3. 坏路面感应控制

汽车在坏路面行驶时,为抑制车身产生大的振动,ECU 输出控制信号,相应增大悬架的刚度和阻尼。

当汽车以 40~100 km/h 的速度驶入坏路面时,车身高度传感器输出周期小于 0.5 s(车身高度变化信号),ECU 输出控制信号,如果是在"软"模式下,悬架就自动从"低"状态转入"中"状态;如果是在"硬"模式下,则保持"中"状态不变。

当汽车以高于 100 km/h 的速度驶入坏路面时,ECU 输出控制信号,如果是在"软"模式下,悬架会从"低"或"中"状态转入"高"状态;如果是在"硬"模式下,悬架则会从"中"状态转入"高"状态。

(二) 车身姿态控制

车身姿态控制是指在汽车车速突然改变及转向等情况下,ECU 对悬架的刚度和阻尼实施控制,以抑制车身的过度摆动,从而确保车辆乘坐的舒适性和稳定性。车身姿态控制包括转向车身侧倾控制、制动车身点头控制和起步车身俯仰控制。

1. 转向车身侧倾控制

在汽车急转弯时,增大悬架的刚度和阻尼,以抑制车身的侧倾。即当驾驶员急打方向盘时,转向传感器将方向盘的转角和转速信号输入 ECU,ECU 输出控制信号,如果驾驶员选择的是"软"模式,则悬架自动从"中"或"低"状态转入"高"状态;如果驾驶员选择的是"硬"模式,则悬架自动从"中"状态转入"高"状态。

2. 制动车身点头控制

在汽车紧急制动时,应增大悬架的刚度和阻尼,以抑制车身的点头。即当汽车在车速高于 60 km/h 时紧急制动时,车速传感器的车速信号和制动开关的阶跃信号输入 ECU,ECU 控制调节悬架的刚度和阻尼。如果此时处于"软"模式,则悬架从"低"或"中"状态自动转入"高"状态;如果此时处于"硬"模式,则悬架自动从"中"状态转入"高"状态。

3. 起步车身俯仰控制

在汽车突然起步或突然加速时,也应增加悬架的刚度和阻尼,以抑制车身的俯仰。即在车速低于 20 km/h 的情况下猛踩油门时,车速传感器的车速信号和节气门位置传感器的阶跃信号输入 ECU,ECU 控制调节悬架的刚度和阻尼。如果此时处于"软"模式,则悬架自动从"低"或"中"状态转入"高"状态;如果此时处于"硬"模式,则悬架自动从"中"状态转入"高"状态。

(三) 车身高度控制

车身高度控制是在汽车行驶车速和路面变化时,ECU 对悬架输出控制信号,调节车身的高度,以确保汽车行驶的稳定性和通过性。车身高度控制也分"标准"和"高"两种模式,每种模式又分"低""中""高"三种状态。车身高度控制包括高速感应控制和连续坏路面行驶控制。

1. 高速感应控制

当车速超过 90 km/h 时,为了提高汽车行驶的稳定性和减小空气阻力,ECU 使排气阀和高度控制阀工作,悬架气室向外排气,以降低车身高度。如果悬架是在"标准"模式下,则车身将从"中"状态降低到"低"状态;如果悬架是在"高"模式,则车身从"高"状态转入"中"状态。当车速低于 60 km/h 时,又恢复原有的高度。提高车身高度是通过 ECU 输出的控制信号,使压缩机和高度控制阀通电工作,将压缩空气送入悬架空气室实现的。

2. 连续坏路面行驶控制

汽车在坏路面上行驶时,应提高车身高度,以减弱来自路面的突然抬起感,并提高汽车的通过性能。

当车身高度传感器连续 2.5 s 以上输出大幅度的振动信号,且车速在 40～90 km/h 时,如果悬架处于"标准"模式,则车身高度从"中"状态转入"高"状态;如果悬架处于"高"模式,则车身高度维持在"高"状态不变。

当汽车在连续不平路面行驶,且车速在 90 km/h 以上时,汽车的行驶稳定性应优先考虑,因此在"标准"模式下将维持"中"状态不变,在"高"模式下则从"高"状态转入"中"状态。

三、电子控制悬架系统故障诊断方法

首先用解码器解码,如果有故障码,则根据故障码的提示检查。如果没有故障码,则按照下面的顺序检查:

① 用万用表检查 LRC 开关的电阻。

② 用万用表检查悬架控制执行器的电阻,并施加蓄电池电压测试动作。

③ 目测空气弹簧减振器是否漏气。

④ 用万用表检查 ECU 端子至 LRC 开关和悬架控制执行器的电路电阻。

故障排除

① 如果 LRC 开关电阻为零或无穷大,则更换 LRC。

② 如果悬架控制执行器电阻为零或无穷大,并且施加蓄电池电压后没有动作,则更换悬架控制执行器。

③ 如果空气弹簧减振器漏气,则进行更换。

④ 如果 ECU 至 LRC 开关和悬架控制执行器的电路电阻符合要求,则更换 ECU。

任务2　电子控制悬架系统的检修

故障案例

一辆凌志 LS400 型轿车的车身总是处于最低位置,不受高度控制开关的控制,其他悬架控制功能正常。

案例分析

该故障的原因可能是车身高度传感器有故障。

知识链接

一、一般检查

电子控制悬架系统的一般检查是对悬架的一些功能、状态进行检查和调整,以便及时发现问题,确保电子控制悬架系统能正常工作。

(一) 汽车高度调整功能的检查

1. 大致检查

拨动手动高度控制开关,检查汽车高度变化是否正常。

2. 车身升高检查

检查轮胎气压,胎压应符合要求(前轮为230 kPa,后轮为250 kPa);起动发动机,将高度控制开关从"NORM"转到"HIGH",检查车身高度的变化情况及所需的时间。如果不符合要求,应对车身高度调节系统进行检查。

注意:从高度控制开关拨到高位置至压缩机起动约需 2 s,从压缩机开始工作到完成车身高度调整需 20～40 s,车身高度变化量应为 10～30 mm。

3. 车身降低检查

在车身处于"高"状态下起动发动机,将高度控制开关从高位置拨到常规位置,检查车身高度的变化和所需的时间(标准同上);如果不符合要求,则对车身高度调节系统进行检查。

(二) 溢流阀工作的检查

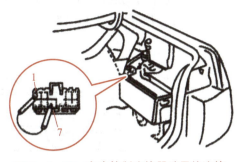

图 2-4-13　高度控制连接器端子的连接

强制压缩机工作,检查溢流阀能否动作,用导线将高度控制连接器的 1 号与 7 号端子连接起来,如图 2-4-13 所示。

打开点火开关,压缩机开始工作;待压缩机工作一段时间后,检查溢流阀是否放气。如果不能放气,则检查管路中有无漏气、压缩机工作是否正常、溢流阀是否堵塞等。

上述故障均可引起悬架气室压力不正常,造成悬架刚度和车身高度调整不正常。用导线连接高度连接器 1 号与 7 号端子的方法使压缩机工作,悬架 ECU 会认为有故障而记录下故障码,因此检查完后应清除故障码。

(三) 空气管路漏气检查

管路漏气将直接影响悬架的正常调节功能。起动发动机,将手动高度控制开关拨到"HIGH"位置,使车身升高;待车身升高后,关闭点火开关,在管子的接头处涂上肥皂水,检查有无漏气,如图 2-4-14 所示。

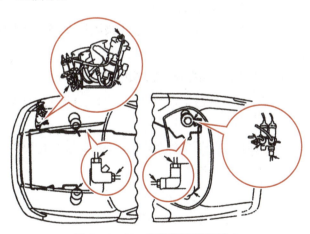

图 2-4-14　空气管路漏气检查

(四) 车身高度的检查与调整

1. 车身高度的检查

① 将 LRC 开关拨到"NORM"位置,使车身上下跳振几次,以使悬架处于稳定状态。

② 前、后推动汽车,以使车轮处于稳定状态。

③ 将变挡杆置于 N 挡位,松开驻车制动器(应挡住车轮不让它转动),起动发动机。

④ 将高度控制开关拨到"HIGH"位置,车身升高后,等待 60 s;然后再将高度控制开关拨到

"NORM"位置,使车身下降,待车身下降后等待 50 s,重复上述操作,以使悬架各部件稳定下来。

⑤ 测量车身高度,测量位置如图 2-4-15 所示,车身的正常高度("NORM"位置)见表 2-4-1。若不符合要求,则应通过转动车身高度传感器连接杆进行高度调整。

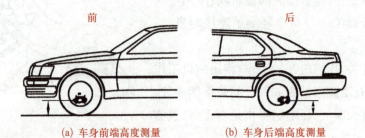

前　　　　　　　　　　　　　　　　后

(a) 车身前端高度测量　　　　　　　　(b) 车身后端高度测量

图 2-4-15　车身高度测量位置

表 2-4-1　车身的正常高度("NORM"位置)

部　位	车身前端	车身后端	左右误差	前后误差
高度/mm	228±10	210±10	<10	17.5±1.5

2. 车身高度的调整

① 拧松车身高度传感器连接杆上的两个锁紧螺母,转动车身高度传感器连接杆,以调节其长度(连接杆每转一圈,车身高度大约变化 4 mm)。

② 检查车身高度传感器连接杆的尺寸,不应小于极限尺寸(前、后端均为 13 mm)。

③ 暂时拧紧锁紧螺母,复查车身高度。

④ 车身高度调整完后,拧紧锁紧螺母,拧紧力矩为 4.4 N·m。

注意:① 车身高度的检查与调整应在水平的地面上进行,且将高度控制开关拨到"NORM"位置。

② 在拧紧车身高度传感器连接杆锁紧螺母时,应确保球节与托架平行。

③ 车身高度调整后,应检查车轮定位。

二、自诊断系统

(一) 指示灯的检查

当点火开关位于"ON"位置时,仪表板上的 LRC 指示灯和高度控制指示灯应闪亮 2 s 左右。2 s 以后,各指示灯的亮灭取决于其控制开关的位置,正常情况如下所述。

① 如果 LRC 开关位于"SPORT"位置,LRC 指示灯仍亮;如果 LRC 开关位于"NORM"位置,LRC 指示灯闪亮 2 s 后熄灭。

② 如果高度控制开关位于"NORM"位置,则高度控制指示灯的"NORM"灯亮,"HIGH"灯不亮;如果高度控制开关位于"HIGH"位置,则高度控制指示灯的"HIGH"灯亮,"NORM"

灯不亮。

③ 当点火开关位于"ON"位置时,"HEIGHT"照明灯始终亮。

④ 当点火开关位于"ON"位置时,如果高度控制指示灯的"NORM"灯闪亮,表示电子控制悬架系统存储器中已储存有故障码,应读取故障码后排除故障。

⑤ 当点火开关位于"ON"位置时,各指示灯出现表2-4-2所示的情况,则为不正常,应检查相关的电路。

表2-4-2　电子控制悬架系统指示灯不正常的现象和应检查的电路

点火开关位于"ON"位置时,电子控制悬架系统指示灯的现象	应检查的电路
"SPORT"、"HIGH"和"NORM"灯均不亮	高度控制电源电路及指示电路
"SPORT"、"HIGH"和"NORM"灯闪亮2 s后均熄灭	悬架控制执行电源电路
某些指示灯,"SPORT"、"HIGH"、"NORM"灯,"HEIGHT"照明灯中有的不亮	指示灯电路或"HEIGHT"照明灯电路
LRC开关位于"NORM"位置时,"SPORT"灯仍亮	LRC开关电路
所点亮的高度控制指示灯与高度控制开关选定的位置不一致	高度控制开关电路

(二) 故障码的读取

打开点火开关,将检查连接器的TC端子与E_1端子短接,通过仪表板上高度控制指示灯的"NORM"灯的闪烁读取故障码,如图2-4-16所示。

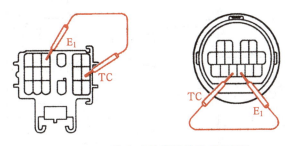

图2-4-16　检查连接器及故障码的读取

(三) 故障码的清除

在关闭点火开关的情况下,拆下1号接线盒中的ECU-B熔断器10 s以上;或在关闭点火开关的情况下,同时将高度控制连接器的9号端子与8号端子以及检查连接器的TC端子与E_1端子短接10 s以上,然后打开点火开关并拆掉各端子的短接导线。

(四) 故障的诊断与排除

如果在进行诊断代码检查时,显示一个正常代码但故障仍然出现(重复出现),应进行故障征兆的故障排除。

三、电子控制悬架系统电路故障的检查

若电子控制悬架系统出现了故障,无论自诊断系统有无故障码输出,都需要进行系统电路故障检查。

如果取得了故障码,则可根据故障码的指示对故障电路进行检查,以找出确切的故障部位,排除故障。若故障码所指示的故障电路正常,则一般应检修或更换悬架 ECU。应注意的是,在有故障代码输出的情况下,悬架 ECU 就已中断了相应的悬架刚度和阻尼或车身高度控制。因此,不断开悬架 ECU 仅通过控制开关使其执行器动作来判断故障是不可行的。

如果无故障码显示,则需根据故障分析的结果,对与故障症状相关的电路和部件逐个进行检查。如果所有可能故障电路和部件检查均无问题,但电子控制悬架系统故障症状确实存在,则需对悬架 ECU 进行检修或更换。

(一) 车身高度传感器电路的故障检查

故障码 11、12、13、14 分别说明右前、左前、右后、左后车身高度传感器电路断路或短路。凌志 LS400 型轿车车身高度传感器电路如图 2-4-17 所示。

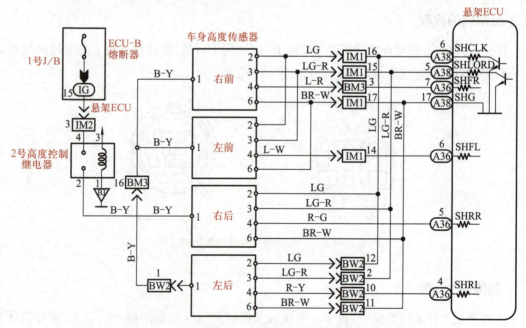

图 2-4-17　凌志 LS400 型轿车车身高度传感器电路

可能的故障部件有悬挂 ECU 与传感器之间的线路及连接器、车身高度传感器电源线路及 2 号高度控制继电器、车身高度传感器及悬架 ECU。故障检查步骤如下:

1. 检查车身高度传感器电源电压(图 2-4-18)

拆下前轮胎(故障码 11、12)或拆下后备箱装潢前盖(故障码 13、14);脱开车身高度传感器

连接器；将点火开关置于"ON"位置，测 1 号端子的对地电压（应为蓄电池电压），否则检修 2 号高度控制继电器及有关的线路。

2. 检查车身高度传感器与悬架 ECU 之间的导线和连接器

检查各线束连接器应无松动；拔下线束连接器，插脚应无锈蚀；检测有导线连接的两插脚之间的通路情况。

3. 检查车身高度传感器功能

图 2 - 4 - 18　检查车身高度传感器电源电压

换上一只性能良好的车身高度传感器，查看故障症状是否消除。若能消除，则更换车身高度传感器；若不能消除，则应检查或更换悬架 ECU。

（二）悬架控制执行器电路的故障检查

一旦悬架 ECU 存储了故障码 21、22，则说明前、后悬架执行器电路有断路或短路故障，不能执行减振和弹簧刚度控制。可能的故障部位有悬架 ECU 与悬架控制执行器之间的线路及连接器、悬架控制执行器、悬架 ECU。凌志 LS400 型轿车悬架控制执行器电路如图 2 - 4 - 19 所示。

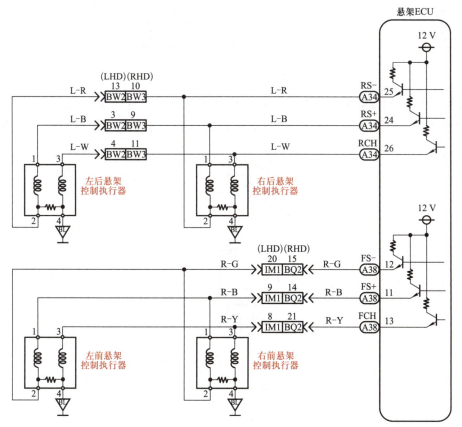

图 2 - 4 - 19　凌志 LS400 型轿车悬架控制执行器电路

1. 检查悬架控制执行器电阻

拆下悬架控制执行器盖和执行器,拔下执行器连接器,测量悬架控制执行器各端子的电阻,如图 2-4-20 所示。各端子的正常电阻见表 2-4-3。如果电阻值不正常,应更换悬架控制执行器。

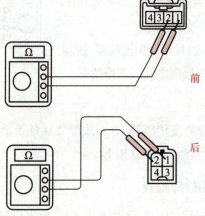

图 2-4-20　测量悬架控制执行器各端子的电阻

表 2-4-3　悬架控制执行器各端子的正常电阻

端　子	1 和 2	3 和 4	2 和 4
电阻/Ω	3～6	3～6	2.3～403

2. 检查悬架控制执行器的动作

在悬架控制执行器各端子施加蓄电池电压,但不要超过 1 s,检查悬架控制执行器的工作情况,如图 2-4-21 所示。正常的工作状态见表 2-4-4。若检查结果不正常,则应更换悬架控制执行器。

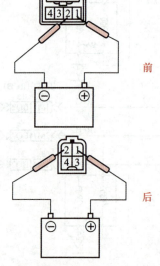

图 2-4-21　检查悬架控制执行器的工作情况

表 2-4-4 施加蓄电池电压时的悬架控制执行器的正常工作状态

蓄电池连接的端子	1(+)与2(-)	3(+)与4(-)	2(+)与1(-)
悬架控制执行器的工作状态	硬	中	软

3. 检查悬架控制执行器线路和连接器

检查悬架控制执行器与悬架 ECU 之间的线路和连接器,检查执行器的搭铁。若检查发现问题,则应更换或维修线路和连接器;若检查结果为正常,则应检查或更换悬架 ECU。

(三) 车身高度控制阀电路的故障检查

悬架 ECU 使高度控制阀电磁线圈通电后,电磁线圈将高度控制阀打开,并将压缩空气引向气压缸,从而使汽车高度上升。当汽车高度下降时,悬架 ECU 不仅使高度控制阀电磁线圈通电,而且还使排气阀电磁线圈通电,排气阀电磁线圈使排气阀打开,将气压缸中的压缩空气排放到大气中。

若悬架 ECU 存储器中存有故障码 31、33、34、35,则分别表明 1 号高度控制阀电路短路或断路、2 号高度控制阀(右悬架)电路短路或断路、2 号高度控制阀(左悬架)电路短路或断路、排气阀电路短路或断路,此时不执行汽车高度控制、减振力和弹簧刚度控制。

1. 检查连接高度控制连接器的各端子时汽车高度是否改变

拆下后备箱右侧盖,测量高度控制连接器 2、3、4、5、6 端子与 8 端子间的电阻,应均为 9~15 Ω;将点火开关置于"ON"位置,按表 2-4-5 所示方式连接高度控制连接器的相关端子,汽车高度变化应符合要求。否则,应检查高度控制阀和排气阀,高度控制阀电路如图 2-4-22 所示。

表 2-4-5 连接高度控制连接器相关端子时汽车高度的变化情况

	1	2	3	4	5	6	7
右前汽车高度上升	A	A					A
左前汽车高度上升	B		B				B
右后汽车高度上升	C			C			C
左后汽车高度上升	D				D		D
右前汽车高度下降	E	E					E
左前汽车高度下降	F		F				F
右后汽车高度下降	G			G			G
左后汽车高度下降	H				H		H

2. 检查悬架 ECU 与高度控制连接器之间的配线和连接器

检查悬架 ECU 与高度控制连接器之间的配线和连接器是否断路。

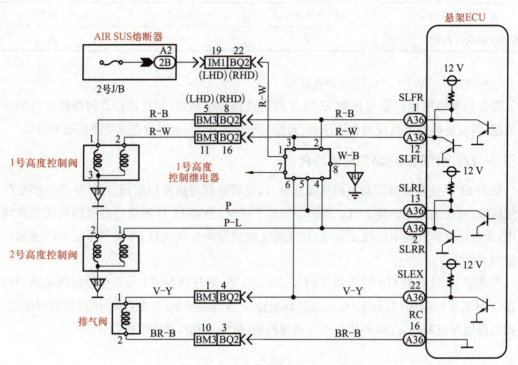

图 2-4-22 高度控制阀电路

3. 检查高度控制阀和排气阀

拆下右前高度控制阀和排气阀,脱开阀的连接器,对 1 号高度控制阀和排气阀进行检查;拆下后备箱前盖,脱开阀的连接器,对 2 号高度控制阀进行检查。各端子之间的电阻值应符合表 2-4-6 中的要求。

表 2-4-6 各端子之间的电阻值

阀门	端子	电阻/Ω
1 号高度控制阀	1 与 3	9～15
	2 与 3	
2 号高度控制阀	1 与 4	
	2 与 4	
排气阀	1 与 2	

在相应端子上接上蓄电池电压时,高度控制阀和排气阀应有工作声。若不正常,则应更换高度控制阀或排气阀;若正常,则应检修高度控制阀或排气阀与连接器之间的配线及连接器。相关端子加压后各阀的工作状况见表 2-4-7。

表 2 - 4 - 7 相关端子加压后各阀的工作状况

阀 门	蓄电池正极	蓄电池负极	工作状况
1 号高度控制阀	1	3	发出"咔嗒、咔嗒"的声音
	2	3	
2 号高度控制阀	1	4	
	2	4	
排气阀	1	2	

故障排除

将点火开关置于"ON"位置,将检查连接器的 TC 与 E_1 端子短接,通过仪表板上高度控制指示灯"NORM"灯的闪烁获得故障码 11、12、13、14,说明右前、左前、右后、左后的车身高度传感器电路断路或短路;检测该传感器 1 号端子的对地电压,显示为 0 V;进一步检查 2 号高度控制继电器 3 号端子与 1 号端子的电阻,显示为零,说明 2 号高度控制继电器损坏。

更换 2 号高度控制继电器,再次检测车身高度传感器 1 号端子的对地电压,显示为 12 V。拆下 1 号接线盒中的 ECU - B 熔断器 10 s 以上,清除故障码后试车,故障排除。

参考文献

［1］李晓.汽车底盘构造与维修［M］.北京：北京邮电大学出版社,2006.

［2］肖兴宇.汽车底盘构造［M］.重庆：重庆大学出版社,2008.

［3］王新祥.汽车底盘构造与维修［M］.杭州：浙江科学技术出版社,2006.